니체의 눈으로 **다 빈치를 읽다**

니체의 눈으로 다 빈치를 읽다-그림 속 철학 이야기

2005년 7월 20일 초판 1쇄 찍음
2005년 7월 25일 초판 1쇄 펴냄

지은이 | 사카이 다케시
옮긴이 | 남도현
펴낸이 | 장의덕
편 집 | 이근영, 이준호
영업·홍보 | 신성모
관 리 | 이영하

펴낸곳 | 도서출판 개마고원
　　　　서울시 마포구 합정동 385-3 2층
　　　　전화: (02) 326-1012 팩스: (02) 326-0232
　　　　E-mail: webmaster@kaema.co.kr
　　　　등록: 1989년 9월 4일 제2-877호

ⓒ 개마고원, 2005, Printed in Seoul Korea

* 책값은 뒤표지에 표기되어 있습니다.
* 파본은 구입하신 서점에서 교환해드립니다.

www.kaema.co.kr

국립중앙도서관 출판시도서목록(CIP)

니체의 눈으로 다 빈치를 읽다/
사카이 다케시 지음 ; 남도현 옮김. - 서울 : 개마고원, 2005
p. ; cm

표지관제: 그림 속 철학 이야기
원서명: 繪畵と現代思想
ISBN 89-5769-035-2 03100

650.1-KDC4
750.1-DDC21　　　　　　　　CIP2005001345

| 그 림 속 철 학 이 야 기 |

니체의 눈으로 **다 빈치를 읽다**

사카이 다케시 지음
남도현 옮김

개마고원

■ 〈대사들〉

한스 홀바인, 1533년, 런던 내셔널 갤러리 소장

■ 〈레판토 Ⅳ〉 (연작 〈레판토〉 부분)
사이 톰블리, 2001년, 뉴욕 가고시안 갤러리 소장 © Cy Twombly

■ 〈레판토〉
사이 톰블리, 2001년, 뉴욕 가고시안 갤러리 소장 © Cy Twombly

■ 〈레판토 Ⅶ〉 (연작 《레판토》 부분)

사이 톰블리, 2001년, 뉴욕 가고시안 갤러리 소장 ⓒ Cy Twombly

■ 〈원〉

바실리 칸딘스키, 1926년, 구겐하임 미술관 소장 ⓒ ADAGP, Paris & JVACS, Tokyo, 2003

표류하는 예술가들을 위하여

차 례

회화로 비상하는 사상가들

현대 사상의 두 가지 특징: 관념 세계의 상대화, 자아의 상대화

회화와 현대 사상의 접점을 탐구한다. 그것이 이 책의 목표다. 회화와 사상은 별개의 세계다. 한쪽은 색채의 감각적 세계, 다른 한쪽은 언어에 충실한 관념의 세계. 사상가들이 개개인의 화가들과 회화에 대해 언급할 때, 그들의 언어는 많은 경우 독자적인 관념의 세계에 머물러 있기 십상이다. 그렇기 때문에 그들은 독선적 · 이기적 · 도식적이라고 비판을 받기도 한다.

그러나 현대 사상은 이런 흐름과는 반대의 방향성을 갖는다. 현대 사상이란 영역이 명확히 구획된 것은 아니지만, 현대 사상은 관념의 세계를 상대화하며 감각의 세계로 비약해가려는 특징이 있다. 이런 특징은 현대 사상의 선구자 니체(1844~1900)라면 '선악의 피안'을 말하는 것이고, 그 후계자인 바타유(1897~1962)라면 '지'에서 '비(非)지'로 향하는 것을 말하는 것이다.

현대 사상은 이성의 전제성에 저항하려 한다. 니체가 말한 '신의 죽음'이나 바타유의 '무신학'은 단순히 그리스도교를 비판하는 것이 아니라, 인간 사고의 움직임 일반을 비판하고 있다. 즉 본 것, 느낀 것을 관념화하고, 고정화하고, 신격화하는 사고의 충동을 인간의 지병 내지는 한계로 간주해 상대화하고 있다.

인간의 사고에 대한 현대 사상의 비판의식은 사고의 기반이며 거점인 인간의 자아에까지 도달하고 있다. 데카르트의 '생각하는 존재'로서의 자아, '생각한다, 고로 존재한다'라고 그가 말했을 때의 나는, 니체나 바타유에게는 이미 절대적인 것이 아니라 인간 내면의 한 양상에 불과하다. 다른 모든 충동과 역관계로 성립되어 있어 그 자체만으로도 극히 불안정하고, 언제라도 파열되거나 뒤집힐 가능성이 있는 상태인 것이다.

현대 사상의 또 다른 특징은 이런 인간의 이성적 자아에 대한 불신과 상대화를 들수 있다. 어찌 되었든 현대 사상의 추진자들은 관념의 지배에 대해 강한 비판의식을 가지고 감각계로 헤치고 들어간다. 확실히 그들은 철학적인 개념을 속속 만들어냈고, 그들 고유의 시각을 드러내기도 했다. 그러나 그런 작업에 조금도 만족하지 않았다. 특히 니체와 바타유는 그렇다. 개개의 인간으로, 예술작품으로 감각계의 대상을 지적으로 이해하는 것이 아니라, 육체적 체험을 최종적인 목표로 하고 있다. 정념이 고양되어 자아가 반파되는 속에서, 대상 아니 대상의 내실과 교통하려 한다.

이런 이유 때문에 예술에 관한 그들의 발언은 유연하고, 기백에 차 있고, 생동감이 있다. 그런 반면 엄밀한 실증성은 결핍돼 있다. 학술논문이라는 입장에서 본다면 술술 읽히지 않는 편이고, 실증적 연구라는 입장에서 본다면 조잡한 직관적 견해라고 생각될 것이다.

도상해석학의 피안으로

인상파 이전의 미술을 연구하는 경우, 도상해석학이란 실증적 입장은 현재 융성의 수준을 넘어 대전제이자 상식이 되고 있다. 실제로 인상파 이전의 화가들에게는 화폭 위의 도상을 통해 추상적 개념을 암시하는 우의적 표현법(알레고리)이 관습화되어 있었다.

예를 들면, 여우의 도상은 교활함이란 악덕의 개념을 지시한다. 회화가 감각적 세계로서 자율적인 것이 아니라 개념의 세계를 지시하는 도구가 되고 있는 것이다. 화가는 감각계에서 무심하게 즐기고 있는 것이 아니라, 역으로 관념계의 방향으로 얼굴을 향하고 관념적인 것을 말하는 수단이자 기호로서 도상이라는 감각적인 수단을 사용하고 있다. 그런 도상이 무엇을 의미하는가와 기호로서의 도상의 움직임은, 당시의 화가와 동시대 사람들 사이에서는 쉽게 이해됐을 것이다. 그러나 시대가 변해 도상의 의미는 과거의 것이 되었고, 사람들로부터 잊혀지게 되었다. 도상해석학은 역사 속에 묻혀버린 도상의 기호적 역할을 당시의 문헌자료 등을 참조해 해명한다. 인상파 이전의 회화를 보다 정확하게 해명하기 위해서 도상해석학은 꼭 필요한 도구다.

그러나 화가가 기호를 묘사하는 것만으로 만족할 이유는 없다. 인상파 이전의 화가 중에도 도상에 자신이 느끼고 본 대로 대상의 감각적 특징을 포함시키려 한 인물들이 있었다. 감각계의 대상을 어느 정도 느끼고 어느 정도 보았는지에 대해, 화가는 대상과 자신과의 감성적 교환의 실제와 깊이를 가능한 한 그 대상의 도상표현에 부여하려 했다.

때문에 하나의 화면에는 관념계로 열려진 면과 감각계로 열려진 면이 공존하고 있다. 이런 두 가지 면이 근본적으로 모순되는 것은 말할 필요도 없다. 감각계와 자연계에는 원래 도덕적 관념이 존재하지 않기 때문이다. 여우의 교활한 활동은 선악의 식별과는 무관하다. 그것을 교활하다고 생각하는 것은 인간의 관념적인 단정에 불과하다.

화가는 자기 시대의 도덕적 관념에 따라 교활함의 도상으로서 여우를 화면에 등장시키려 한다. 또 한편으로는 실제의 여우에게서 생명의 깊이를 느낀 체험을 근거로 도덕 외적인 차원을 여우의 도상에 부여해보려고도 한다. 그 결과 교활해 보이지 않는 여우의 도상이 생겨나기도 한다. 이 도상은 표면을 향해 교활함이라는 관념을 지시하는 기호 역할을 하고 있다. 대부분의 동시대인은 이런 표면적인 이해에 근거해서 그의 도상에 눈을 돌릴 것이다. 그러나 주의 깊게 보면, 이 도상은 기호로서 지시하는 관념과는 관계없는 차원, 즉 비관념적인 분위기를 지니고 있다. 때문에 관념과의 관계를 일탈한 무엇인가를 보는 사람만이 느낄 수 있는 것이다.

마찬가지로 어떤 화가는 모성의 아름다움에 대해서는 동시대인과 공통된 인식을 갖고 있었지만, 모성에서 생명계의 무서운 힘을 감지했기 때문에 성모 마리아와 그 어머니인 안나를 불순하게 묘사했다. 그리스도교 신앙을 동시대인과 공유하면서도, 죄를 씻어주는 세례자 요한의 육체에 생명의 비도덕적인 그늘을 표현하기도 하고, 천사의 상에 발기한 남성의 성기를 붙이기도 한다.

훌륭한 화가일수록 관념의 세계와 격리된 것을 선택하며, 동시대인의 도덕적 가치관으로부터 고립되는 것에 굴하지 않고 자신이 체험한 감각계의 심층을, 그 '선악의 피안'을, '비−지'를 도상 속에 묘사해내는 것이다.

현대 사상의 조난자들의 직관적인 언어가 광채를 띠는 것은 바로 이 순간이다. 도

■ 〈수태한 천사〉

레오나르도 다 빈치, 1513~1514년경, 소묘, 윈저 성 왕립도서관 소장상의 모순, 관념계와 화가의 분리, 감각계에 대한 화가의 집착 등을 문제시할 때, 예술과의 커뮤니케이션을 통한 그들의 언어가 빛나 보일 것이다.

1 장

여명의 표류자: 다 빈치와 니체

니체와 르네상스

르네상스는 나의 문제다

중세에는 도상이 관념적 내용을 지시하는 상징기능을 담당하고 있었다. 그러나 이탈리아 르네상스 이후가 되면 도상은 이러한 기능에만 머물지 않는다. 즉 감각계를 있는 그대로 재현하는 기능도 갖는다. 사람들은 관습화된 중세의 상징표현에 싫증을 느끼기 시작했으며, 성모 마리아의 표정에도 동시대 이탈리아 여성의 인간적 감정이 표출되었다.

　일반적으로 중세에서 르네상스로의 도상적인 측면의 변화는 이와 같이 이해되고 있다. 그러나 나는 이런 식의 접근방식에는 동의할 수 없다. 중세의 로마네스크 교회당의 기둥머리 조각과 고딕 성당의 빗물 배출구에서 볼 수 있는 괴물의 도상은 악마를 표현한 것이거나 역으로 악마를 내쫓는 의미를 가지면서 동시에 극히 자유로운 인간의 감정을 표현하고 있다.

　어쨌든 도상제작자가 상징기능을 유지하면서도 감각계의 재현을 의식적으로 추구해서 수준 높은 성과를 이룬 것은 분명 1400년에서 1500년대에 걸쳐 피렌체와 로마에서 개화한 이탈리아 르네상스 시기부터였다. 따라서 니체, 바타유가 르네상스를 어떻게 바라보았으며 르네상스 최고의 화가 레오나르도 다 빈치(1452~1519)에게서 무엇을 보았는지를 밝혀내고자 한다.

니체는 르네상스를 자신의 문제로서 받아들였다. 이런 자세는 그의 사상가로서의 전 생애 동안 변하지 않았다. 정신이 혼미하기 몇 개월 전인 1888년 9월에 완성한 『반그리스도』 61절에서 그는 이렇게 말하고 있다.

> 르네상스의 문제, 이것은 나의 문제이기도 하다. 이렇게 말하는 것은 이 이상으로 근본적인, 이 이상으로 단도직입적인, 또한 이 이상으로 전 범위에 걸쳐 중심을 파고드는 준열한 공격의 형식이 이제까지의 세계에는 존재한 적이 없었기 때문이다. 결정적인 장소에서 그리스도교의 근본적인 거점 그 자체에 공격을 감행하는 것, 거기서 고귀한 제반 가치를 왕좌에 앉히는 것, 이것은 말하자면, 안심하고 매듭을 지어 원상태로 돌아가려는 인간들의 본능 속으로, 심층의 욕구 속으로 고귀한 제반 가치를 집어넣는 것이다.

니체와 르네상스가 완전히 동일한 성격을 지닌 것은 아니었다. 그리스도교 가치관에 대한 '준열한 공격', 이것이 니체에게 두드러진 태도였다. 르네상스기 이탈리아의 문화인들과 정치가들이 체현했던 그리스도교에 대한 비판적 경향과 자유로운 기풍을 니체는 보다 첨예화시켜 자신의 시대 안에서 활성화시키려 했다. 그리스도교의 제반 가치를 전복시켜 보여준 '고귀한 가치들'이 무엇인지는 후술하겠다.

르네상스인들의 자유정신을 단순히 학문의 연구과제로 삼거나 철학의 주제로서 논하는 것이 아니라, 동시대인을 대상으로 몸으로 직접 실천한다는 태도가 니체의 기본적인 자세였다는 것을 확인해두고 싶다.

부르크하르트와의 교우관계

니체의 이런 자세가 선명하게 드러나는 것은 그가 경애하고 존경했던 르네상스 문화사의 대가 야곱 부르크하르트(1818~1897)와의 교우관계를 통해서였다.

1869년, 24세의 젊은 나이로 스위스 바젤대학의 고전문헌학 정외교수가 된 니체는 취임 후 곧바로 같은 대학의 역사학 정교수인 부르크하르트(당시 50세)를 찾아가, 재판이 막 발행된 부르크하르트의 대저 『이탈리아 르네상스의 문화』(초판 1860)를 증정받는다.

니체도 처녀작 『비극의 탄생』(1872) 이래 자신의 저서를 계속해서 부르크하르트에게 헌정했다. 그렇지만 세번째 저작인 『삶에 대한 역사의 공죄』(1873, 이후 『반시대적 고찰』 2편에 해당)에서 두 사람의 차이는 확실해졌다. 부르크하르트의 경우는, 앞의 저서 3장 '고대의 부활'에서 르네상스기의 이탈리아 인문주의자들에 대해 다음과 같이 언급한다.

깊이 존경받은 고대를 현재와 소통시켜, 전자를 후자의 교양으로까지 고양시킨 것은 어떤 사람들이었던가. 그것은 오늘은 이런 모습을 보이고 내일은 저런 모습을 드러낼 다재다능한 인간 백 명 정도의 무리다.

니체는 부르크하르트의 이 말을 자신의 시대에 부활시키려 했다. 다방면에 관심을 가진 르네상스 시대의 일군의 인문주의자들은 고대 그리스–로마의 문화유산을 당대에 부활시켜 일반 교양으로까지 높였다. 니체는 그들의 능동적 정신을 계승하고 '고대의 부활'을 꾀해 현대 독일의 교양을 쇄신하려 했다. 고전문헌학에서도, 역사학에서도, 인문계 연구자들은 과거의 문화를 과거란 울타리에 가둬놓고 단지 관조하는 것이 아니라, 그 연구의 현대적 의의를 각성하고 자신의 시대를 변화시킬 수 있도록 해야 한다. 니체는 이러한 전투를 생각하고 있었다. 그러나 니체가 쓴 다음과 같은 구절에 대해 부르크하르트는 일정한 거리감을 느끼고 있었다.

모든 과거의 기념비적 고찰, 과거에 고전적으로 희유되던 것들에 대한 연구는 무엇 때문에 현대인에게도 의미가 있는 것일까? 이와 같은 고찰과 연구에 의해 현대인은 이전에 존재한 위대한 것들이 과거에 부활했던 것처럼, 다시 한 번 부활할 수 있다고 추정할 수 있다. 그가 이후에 한층 더 용기를 품고 자신의 길로 나아가는 것도, 어쩌면 불가능한 것을 찾으려 하는 것이 아닐까 하고 의기소침해질 때 그를 엄습하곤 했던 의혹을 지금은 격퇴했기 때문에 가능한 것이리라. 확실히 지금 독일에서 유행하고 있는 사이비 교양을 교통정리하기 위해서는 새로운 정신으로 무장한 창조적·활동적인 인간이 백 명까지도 필요하지 않다고 믿는 사람(니체 자신을 말한다)이 있다고 가정해보자. 그 사람이 르네상스 문화는 그와 같은 '백 명의 무리'의 어깨에 기대어 융성하게 된 것임을 알게 된다면 힘이 날 것이다.

그는 한 사람의 르네상스 문화인이 되어, 현대 독일에 만연하고 있는 사이비 교양주의(보불전쟁의 군사적 승리를 프랑스에 대한 문화적 승리로 간주하는 천박한 문화국수주의적 경향. 여기서 국가주의·획일주의를 파열시키는 비극적인 것에 대한 탐구는 과거 독일 문화에 대한 거부이다)를 종언시켰다. 게다가 그는 자신의 독특한 화법을 통해 근대 유럽의 가치관을 전도시켰다. 이것은 확실히 니체 자신이 예측했던 것처럼 불가능에 가까운 시도였으며, 그에게 고행의 길을 가도록 강제한 어려운 작업이었다.

바위산을 걸어간 사람

문화의 안내인

니체는 바젤대학을 사직하고 독자적인 사색가가 되어서도 부르크하르트야말로 자신의 좋은 이해자일 것이라는 생각을 지속했다. 실제로 부르크하르트는 역사를 대할 때 무엇보다도 직관을 중시했고, 헤겔처럼 체계화된 사상을 적용하는 것을 의도적으로 회피했으며, 또한 당시에 융성했던 실증주의적인 문헌연구에도 가담하지 않았다. 게다가 그는 르네상스기 이탈리아에서 근대 개인주의가 형성되는 과정을 살펴보면서도 진보사관에 입각해 근대 서구 개인주의의 완성 과정을 바라보지 않고, 역으로 근대 독일의 일반 교양인을 르네상스 시기의 이탈리아인들의 퇴폐한 모습에 견주어보았다. 14~15세기의 피렌체 공화국에서는 뛰어난 개인이 자신의 개성을 충분히 발휘하면서 존재할 수 있었던 데 반해서, 1871년의 통일을 통해 근대적 대국가로 변모한 독일에서는 개인이 무비판적으로 국가주의에 동의하고, 문화·제도의 획일성을 받아들일 수밖에 없는 상황이어서 개인의 지위를 저하시키고 있다고 생각했다.

그러나 부르크하르트는 니체와 같은 길을 간 것은 아니었다. 저작을 보냈을 때, 니체는 자신과의 차이를 자조적으로 표현한 부르크하르트의 답장을 받았다. 1879년 3월에 출판된 『다양한 의견과 잠언』(나중에 『인간적인, 너무나 인간적인』 2권의 1부가 된다) 헌사본에 대해 르네상스 연구가가 감사를 표시한 말이다.

나는 본격적인 사상의 신전에 들어간 것은 아닙니다. 생애 동안, 페리보로스(고대의 신전을 에워싸고 있는 지대)의 정원과 회당에서 즐거워하고 있습니다. (…) 당신과 함께 노니는 것이 불가능하겠지만, 당신이 현기증이 날 것 같은 산등성이를 확실하게 걸어가고 있는 것을 밑에서 바라보고 있으면 공포와 기쁨이 뒤섞인 기분이 되곤 합니다.(1879년 4월 5일, 부르크하르트의 편지)

1881년 6월에 출간된 『서광』의 헌사본에 대해서도 부르크하르트는 비슷한 표현을 반복하고 있다.

나는 노인이기 때문에 약간의 현기증을 느끼면서, 당신이 높은 산맥의 등성이 위를 쳐다보며 가고 있는 모습을 보고 있습니다. 어쨌든 산 밑의 계곡에는 사람들이 모여 있고, 차츰 그 숫자도 늘어나고 있으며, 이런 모습에 적지 않게 매혹되고 있습니다.(1881년 7월 20일, 부르크하르트의 편지)

바위산을 걸어가는 고독한 사상가라는 표현은 현실의 니체를 빼어나게 표현한 말이며, 니체도 자신의 분신인 차라투스트라에게 이런 이미지를 부여하고 있다(『차라투스트라는 이렇게 말했다』 3부 '방랑하는 인간'). 그렇지만 자신을 르네상스 문화로 이끈 르네상스 연구자가 자신의 르네상스적인 삶의 방식을 전혀 이해하려 하지 않고, 다른 사람의 일처럼 방관하고 있는 것에 대해 니체는 실망을 감추지 못했다. 자신의 저작 『치체로네』(1855)처럼, 부르크하르트는 니체에게 있어 페리보로스에서 르네상스의 본령을 가르치는 교육적인 '안내인'에 불과했다. 두번째 인용한 부르크하르트의 편지를 받은 후, 니체는 친구인 페터 가스트에게 보내는 편지에서 이렇게 말하고 있다.

나를 매개로 무엇인가를 체험한 사람도 없을 뿐더러, 내가 제기한 문제로 고민하는 사람도 없었다. (…) 우리들의 야곱 부르크하르트도 편지는 보냈지만, 뭔가 기력이 빠진 소담한 편지였다.(1881년 8월 14일, 니체의 편지)

신비적 체험의 고양: 니체가 르네상스를 이해한 근원

니체는 자신의 저술에서 체험을 고양시킬 것을 독자들에게 요구했다. 페터 가스트에게 보낸 이 편지의 앞부분에는 니체 자신의 신비적인 체험을 말한 부분이 몇 군데 있어서 유명하다. 그가 독자를 유도한 체험, 적지 않은 독자에게 승인받은 체험이란, 다음과 같은 극한적인 체험이었다.

사실은 혹독하게 위험한 생활을 하고 있다는 생각이 갑작스럽게 내 머릿속을 스치고 지나간 것도 여러 차례다. 왜냐하면 그런 나는 **파열해버릴지도** 모르는 기계의 일부이기 때문이다! 내 감정을 강하게 했다 약하게 했다 하는 동안 나는 싸우거나 웃거나 하면서—다시 두 번 세 번, 방 밖으로 나서야만 했던 우스꽝스런 이유 때문에—어느 사이에 내 눈은 빨갛게 충혈돼버렸다. 왜일까? 눈이 충혈되기 전, 언제나 나는 산보를 나가 하염없이 눈물을 흘렸기 때문이다. 눈물이라고 해도 감상적인 눈물이 아닌 환희의 눈물이었다. 그럴 때면 나는, 누구에게든지 달려가서 나에게는 보이는 새로운 풍경에 충만해서 노래를 부르고, 의미 없는 것을 신이 나서 엉겁결에 말하곤 했다.(1881년 8월 14일, 니체의 편지)

바로 이와 같은 비극적인 체험으로부터 니체의 르네상스 이해가 촉발되었다. 확실히 이후에 니체 자신의 지적도 있고 해서(『그 사람을 보라』의 차라투스트라 1), '새로운 풍경'을 '영겁회귀'로 한정시켜 해석하는 것이 일반적이다. 그러나 니체에게 이것은 르네상스 문화의 심원에 대한 체험이기도 했다. 그리고 또한 고대 그리스 비극의 근저에 있는 디오니소스적인 것에 대한 체험이기도 했다.

장대한 세계상에 대한 유명한 단상들이 집약된 1885년의 유고(『권력에 대한 의지』 1,067번째 단상)에서 니체는 모든 힘을 유희의 대상으로 삼는 디오니소스적인 것을 생성시키고 있으며, 이런 디오니소스적인 것이야말로 현대인이 또 한번 재생시켜야 하고 인정해야 할 '고귀한 가치'라고 표현하고 있다.

체사레 보르자와 레오나르도 다 빈치

남방의 자연

지금 인용하고 있는 페터 가스트에게 보낸 유명한 편지는 해발 3천 미터 정도의 산들이 연속해 있는 스위스의 산악지대인 오버엔가딘의 질스마리아에서 씌어졌다. 주목할 점은 여름에도 눈이 쌓여 있고 빙하가 보이는 이 일대를 니체가 '남방적'이라고 묘사하고 있는 점이다.

> 이런(질스마리아의) 풍경은 스위스적이지도 않고, 레코아로(북이탈리아 비첸차 근처의 산속 온천. 니체는 스위스에 오기 전 봄에 그곳에 있었다)적이지도 않다. 전혀 다른 것, 어쨌든 아주 남방적인 것이다. 이곳의 풍경과 닮은 풍경을 찾으려면, 열대성 식물이 있긴 하지만 멕시코 태평양변의 고원(예를 들면 오아하카)으로 가야만 할 것이다.(1881년 8월 14일, 니체의 편지)

질스마리아의 풍경은 남방의 열기를 뿜고 있었다. 니체는 그 열기와 교감했기 때문에 스스로를 파열시킬 정도로 열광했고 환희의 눈물을 흘렸던 것이다. 니체 자신의 열기가 고양되어 그 스스로가 남방의 인간이 되어버린 것이다. 남방은 자연만이 아니라 인간의 내부에도 존재한다. 니체에 의하면, 르네상스 시대의 문인 폭군인 체사레 보르자(1475/76~1507)는 남방의 열기가 흘러넘치는 인물이었고 그 자체로 자연 본질의 체현자였다.

> 맹수와 맹수적인 인간(예를 들면 체사레 보르자)은 근본적으로 오해받고 있으며, 모든 열대산의 괴수와 식물 중에서도 가장 건강한 이런 것의 근저에는, 이른바 '병적인 것'을 탐구하거나 혹은 이런 것으로부터 생성되는 '지옥'에 대한 탐구가 깔려 있는데, 그런 의미에서 '자연'은 오해받고 있다.(『선악의 피안을 넘어서』 197절)

니체와 개인숭배

보르자를 도덕적인 단견에서 해방시키는 것도 중요하지만, 니체를 영웅숭배주의자란 오해에서 벗어나게 하는 것도 중요하다. 니체는 보르자 외에도 역사상의 영웅·왕·귀족에 대한 찬사를 반복해서 표명했다. 게다가 이들을 지칭할 때 초인, 고귀한 인간 같은 개념들을 사용했다. 여기에서 부르크하르트에 의해 자극받은 니체, 즉 르네상스의 개인주의를 근거로 당대 독일의 획일주의를 비판하려는 니체의 생각을 읽어낼 수 있으나, 그렇다고 해서 니체가 단순한 개인숭배에만 의존한 것은 아니다.

폭군이지만 재능이 넘치는 그 인물을 니체는 단순히 개체로 바라본 것이 아니라, 그 인물의 근저에서 흘러나오는 열기 같은 것, 다시 말해 디오니소스적인 것에 주목했다. 그의 개인숭배를 보다 정확하게 표현하면, 개체의 근저에 흐르는 우주적인 제반 힘에 의해 흔들리며 공격을 받고 파열되어도 결코 그것을 부정하거나 억압하지 않고 오히려 그런 이치에 맞지 않는 모든 힘을 교묘하게 즐길 수 있는 능력을 갖는, 개체와 개체의 풍부한 모든 힘을 능란하게 공존시킬 수 있는 그와 같은 성격에 깊이 매료됐다고 해야 정확할 것이다. 레오나르도 다 빈치는 그와 같은 인물로서 니체를 매료시켰다.

선악을 포괄하는 지평을 본 인간

1886년에 출간된 『선악의 피안을 넘어서』의 200번째 단장에서, 니체는 다 빈치를 아르키메데스(고대 아테네의 군인·정치가), 카이사르, 중세 독일의 황제 프리드리히 2세와 어깨를 나란히 하는 인물로 높이 평가했다. 니체에 의하면 "다양한 인종이 뒤섞이게 되는 해체의 시대"에 태어난 인간들은 내부에 "다양한 유래를 가진 유산을, 즉 대립하고 상호 투쟁하며 끊임없이 충돌하는 가치기준"을 품고 있지만 대부분의 인간은 허약하기 때문에 이런 풍성함으로 요동치는 격렬한 내면을 견디지 못하고 에피쿠로스 철학이나 그리스도교에 기대어 그것을 진정시키고자 한다. 그러나 이 네 명의 인물들은 각기 이와 같은 시대의 인간으로 내부적인 투쟁을 겪었지만, 그것을 "생의 자극, 혹은 '간지럼'"으로 받아들였고 그런 내면의 자기를 "제어하거나 속이는 기술"을 체득하고 있었다. 그렇기 때문에 그들은 "매혹적이어서 잡아두고 싶은 인물" "상상을 초월하는 인물" "승리하여 인간을 유혹하도록 운명 지어진 수수께끼 같은 인물"이 되었다.

『유고』의 단장에도 다 빈치에 대한 찬사가 실려 있다. 예를 들면 1885년 『유고』의 단장에는 그리스도교를 얼마만큼 극복했는가 하는 관점에서 르네상스 미술의 세 대가(라파엘로, 미켈란젤로, 다 빈치)를 비교하고 다 빈치를 최고로 꼽았다.

　　이런 예술가들 중에서 레오나르도 다 빈치만이, 어쨌든 진정한 초그리스도교적인 안목을 갖고 있었다고 말할 수 있겠다. 그는 외면적인 '동양'만이 아니라 내면적인 '동양'을 알고 있었다. 선과 악을 포괄하는 지평을 본 적이 있는 모든 인간을 특징짓는 초유럽적인 것, 즉 과묵함이 그의 내면에 있었다.

"선과 악을 포괄하는 지평을 본 적이 있는 인간." 이것이 다 빈치에 대한 니체의 상(像)이었다. 그리고 이런 '지평'이 그가 질바플라나 호반에서 체험한 디오니소스적인 것이다.

19세기 프랑스인들의 다 빈치 해석

이런 니체의 해석이 얼마나 심도 깊었는지는 동시대 프랑스인들의 해석과 비교해보면 쉽게 이해할 수 있다. 19세기 후반의 프랑스에서는 다 빈치의 회화를 아직도 그리스도교 도덕의 틀 안에 놓고 바라보았다. 데카당스한 문학자들은 그의 회화를 악에 대한 배려 때문에 찬미했고, 대부분의 감상자들은 동일한 이유로 경원시했다. 두

드러진 계기는 보들레르(1821~1867)가 『악의 꽃』(1857)에 수록된 시 「등대」에서 다 빈치의 작품 세계를 '깊고 암울한 거울'로 지칭한 것이었다. 이 시집은 공중도덕과 미풍양속을 어지럽혔다는 이유로 유죄판결을 받았는데, 보들레르는 이전부터 그리스도교 도덕으로부터 죄를 끊기 위해 자학적이고 음울한 자신의 문학적 세계를 구축하고 있었다. 희미한 어둠의 세계 속에서 귀부인과 성인이 불온한 미소를 짓고 있는 다 빈치의 회화가 그에게는 악에 취해 얼이 빠진 자신의 세계를 비추는 거울로 보였던 것이다.

사상가 히폴리트 텐(1828~1893)은 데카당스파는 아니었지만, 1866년 5월에 이 파의 다 빈치 관을 정확하게 대변하는 글을 『두 세계지』에 발표했다. 루브르 미술관이 소장하고 있는 〈세례자 성 요한〉을 평한 대목을 인용해보자.

이것은 여성의 육체를 가진 애매한 아름다운 청년이다. 부드럽고 홀쭉한 몸의 굴곡에 요염한 몸짓을 하고 있다. 고대 제정 로마 시대 양성구유자의 모습과 닮아 있다. 보다 전위적이고, 보다 건강하지 않으며, 거의 병적인 예술을 예고하고 있는 것처럼 보인다. 이런 예술은 지나치게 완성을 추구하고, 지나치게 행복을 갈망하기 때문에 남성에게는 힘을, 여성에게는 우아함을 부여하는 것에 만족할 수 없고, 양성의 아름다움을 기묘하게 혼합해 증폭시키며, 다양한 시대의 데카당스와 부도덕으로 나를 망각하고 몽상에 빠져들도록 한다.

니체는 다 빈치의 예술을 건강하지 않거나 병적이라고 생각하지 않았고, 오히려 데카당스의 정반대편에 위치시켰다. 그는 프랑스 작가 폴 부르제(1852~1935)가 『현대 심리 논집』(1883)에서 보들레르를 다룬 장에서 데카당스 개념이 비롯되며, 프랑스어로 décadence라고 표기되고 있지만, 개념의 실제 의미는 프랑스 문학에서와는 다르다고 보았다. 니체에 의하면 그리스도교 도덕의 선악 구조 전체가 생명의 데카당스인 것이다. 그리스도교 도덕은 비극적인 체험을 야기시키는 풍요롭고 비약적인 생명력, 인간과 자연의 지층을 관통하는 이런 디오니소스적인 것을 솔직하게 선으로 인정하지 못하고 원한에 사로잡혀 악으로서 단죄하고 있다. 바울로 이래 계속된 이런 태도야말로 니체에 의하면 데카당스인 것이다. 그렇다고 해서 디오니소스적인 것을 선으로 본 것은 아니며 '선악의 피안'으로 간주했다. 확실히 근대 시민사회와 그리스도교 도덕의 유착(특히 1871년 통일 후에 독일에서는 국가주의 풍조와 문화 프로테스탄티즘—그리스도교 교양을 근대적으로 해석해 현실에 적용시키려는 경향—의 유착이 두드러져서 '목사 내셔널리즘'이라는 현상이 일어났다)을 규명하는 데 급급한 나머지, 니체는 여러 차례 '가치전환'의 테마를 종래의 선악의 역전으로 단순하게 간주하거나 '선악의 피안'을 신격화했다. 그러나 일신교 신앙을 고쳐 쓰는 것에 불과한 이런 데카당스적인 행위에 몰두하는 한편 비데카당스적인 삶의 방식, 즉 유희하는 사색가의 삶 또한 추구했다. 신에 의지해 정체하는 것이 아니라 선도 악도 아닌 헤라클레이토스적인 생사유전의 흐름에 따라 사색하는 삶의 방식을 실천했던 것이다. 이런 표류의 삶을 통해 니체는 다 빈치의 근원에 접하고 있었다.

■ 〈세례자 성 요한〉

레오나르도 다 빈치, 1513~1516년경, 루브르 미술관 소장

상실과 멸망의 미학

전쟁

다 빈치는 무신론자도 아니었고 열렬한 신자도 아니었다. 신앙을 가지고 있으면서도 자유롭게 활동하는 평신도로서 온건한 중도노선을 걸었는데, 여기서는 이에 대해 집중적으로 살펴보고자 한다. 그는 인간을 무신론에도 신앙에도 속박시키지 않는 세차고 풍요로운 흐름에 기대고 있었으며 또한 충실했다. 다 빈치는 이런 격류를 인간계에서는 전쟁, 자연계에서는 홍수를 통해서 의식하게 되었다.

1502년, 그는 체사레 보르자의 휘하에서 군사기술사로 활동하고 있었다. 당시 보르자는 부친인 로마 교황 알렉산드르 6세와 함께 교황령을 확대시키려는 전쟁을 반복하고 있었다. 두 사람의 최종 목표는 작은 단위로 쪼개진 이탈리아를 교황국으로 통일해 프랑스·독일(신성 로마 제국)·에스파냐 등과 어깨를 나란히 하는 강국으로 만드는 것이었다. 근대 정치의 여명을 알리려는 야심을 지니고 있었던 것이다. 그러나 다 빈치는 이런 근대적인 정치적 야심에 공명해서 보르자 밑으로 들어간 것은 아니었다. 비도덕적이라고 할 정도로 과감하고 용맹한 보르자의 인격과 전쟁에 끌린 탓이었다.

현대의 해석자들은 이런 다 빈치에 대해 뭔가 저항감을 느끼면서도 그를 평화주의자나 인문주의자로 만들려고 한다. 예를 들면 1989년 출간되어 바자리상을 수상한 셀주 브란리의 전기적 연구서 『레오나르도 다 빈치』는 대단히 감동적인 명저이지만 이런 점에서는 어쩐지 불만스럽다. 브란리가 강조하고 있는 것처럼, 보르자에 대한 다 빈치의 공헌은 전략상 필요한 지형도 제작과 방어를 위한 성을 설계하는 정도에 불과했을지도 모른다. 그러나 이런 입장을 밝힐 때에는 다 빈치가 다른 시기(1500년경)에 베네치아인에게 강 속에 방벽을 세워 물의 흐름을 해변으로 돌려서 적군인 터키인들을 대량으로 익사시키자는 공격적이고 잔혹한 계획을 제시했다는 사실도 동등하게 중요시할 필요가 있다(브란리는 이에 관해 간단하게 언급했다).

흥미로운 사실은 3년 후 다 빈치가 그 당시 몰살시키려 했던 터키인들의 교량공사 기사가 되었다는 것이다. 그에게는 확고한 윤리관 같은 것이 없었다. 여기에는 그가 세상사의 모든 것에 관심을 보였지만 유일하게 정치에는 무관심했다는 이유도 작용했을 것이다. 정치는 근본적으로 도덕의 문제이며 때때로 선악의 구도를 독선적으로 설정한다. 잔악무도한 보르자는 통일국가의 실현이라는 정치적 목적을 선으로 설정했다. 그러나 다 빈치에게는 이와 같은 강력하고 일관된 선이 없었다. 그렇기 때문에, 즉 모든 도덕주의로부터 자유로웠기 때문에 그는 전쟁의 끔찍한 이면을 직관할 수 있었고 그것을 극명하게 묘사할 수 있었다. 1503년에 착수한 피렌체 베키오 궁전의 내부 벽화 〈앙기아리 전투〉에 대해 브란리는 이렇게 말했다.

"푸생의 〈영아학살〉, 고야의 〈1808년 5월 3일〉, 피카소(1881~1973)의 〈게르니카〉

를 제외하면 미술사에서 〈앙기아리 전투〉만큼 난폭하고 거칠며 폭력으로 끔찍한 그림을 거론하는 것은 불가능하다."

브란리는 계속해서 다음과 같이 말하고 있는데, 뜻밖에도 도덕적이다.

"다 빈치에게 회화는 보는 사람의 마음을 울리고, 감동을 주고, 반성을 촉구하는 것—보는 사람을 교육하는 것—이어야만 했다. 그는 전쟁의 공포를 프레스코화를 통해 사람들에게 전하려고 했던 것이다."

다 빈치가 쓴 글 중에서 후세에 『회화론』으로 편집된 내용 속에서 강조하는 것은 회화의 선도적·교화적 역할이 아니라 자연의 정확한 전달자란 측면이다.

"'회화'는 언어나 문자 이상의 진실함과 정확함을 가지고 자연의 모든 사물을 감각을 통해 표현한다."

그리고 자연의 모든 사물 중에서 다 빈치가 주목한 것은 전쟁과 같은 '동물적 광기'를 머금고 육박해오는 홍수였다.

홍수

다 빈치는 홍수가 몰고 오는 섬뜩한 광경을 몇 번이나 데생으로 묘사했고 짧게 글로 쓰기도 했다. 그것은 환상적이며 박력으로 가득 차 있다.

작은 배들이 얼마나 많이 전복된 것인가. 아직 무사한 배도 있지만 이미 파괴된 배도 있다. 비통하지만 죽음의 징후로부터 달아나기 위해 분투하는 사람들이 있는 반면, 절망적인 상황 때문에 고통을 견디지 못하고 자살하는 사람도 있었

■ 〈다 빈치의 앙기아리 전투의 모사〉

핀텔 파울로 루벤스, 1603년경, 루브르 미술관 소장다. (…) 또한 자신의 아이를 후려갈기고 갑자기 바닥에 내던지는 사람도 있었고, 무기로 자해를 하고 자살한 사람도 있으며, 꿇어앉아 신의 은총에 몸을 맡기는 사람도 있었다. 아아, 얼마나 많은 어머니들이 익사한 자식들을 위해 울었는가. 그들은 자식을 무릎에 기대놓고 하늘을 향해 두 손을 높이 뻗고 울음 섞인 목소리로 신에 대한 분노의 저주를 토해내고 있었다.

신의 은총에 대한 언급이 있긴 하지만 냉정하게 찌르는 듯한 표현이다. 여기서는 선도 악도 밀려나버린 거대한 힘이 묘사되고 있다. 확실히 니체가 말한 "선과 악을 포괄하는 전례 없는 지평"인 것이다. 부르크하르트의 제자라 할 수 있는, 바젤대학 미술사학과 교수 요제프 간트너(1896~1988)도 그의 저서 『다 빈치의 환상: 대홍수와 세계의 몰락을 둘러싸고』(1958)에서 니체와 비슷한 결론에 도달하고 있다. "어쨌든 최후의 심판을 조금이라도 암시하고 있는 부분은 이 '장대한 일련의 수고(手稿)와 소묘' 그 어느 부분에도 없다. 후기의 증언일수록, 다 빈치에게 세계의 종말은 자연의 종말일 뿐이며 신에 의한 것이 아니라는 것이 너무도 명확하다. 문자 그대로 몰락일 뿐, 선악의 심판 따위는 아니다."

왜 다 빈치는 종말론에 사로잡혔던 것일까. 니체는 순환이라는 시간개념을 가지고 있었고 종말론에 기울지 않았다. 그러나 다 빈치는 고대 로마의 시인 오비디우스의 생각(『변신이야기』 15권 232-6행)을 염두에 두고 있었다. 그는 그것을 이렇게 변주하고 있다.

아아 시간이여, 만물을 먹어치우는 것이여! 세월이라는 견고한 이빨로 만물을

■ 〈홍수〉
레오나르도 다 빈치, 1510년경, 소묘, 윈저 성 왕립도서관 소장

조금씩 먹어치우고, 완만하게 죽음으로 인도하는 시샘 많은 노회한 시간이여!

〈모나리자〉나 〈세례자 성 요한〉 같은 만년의 회화에는 이와 같이 만물을 죽음으로 이끄는 종말론적 시간개념이 반영되어 있다. 〈모나리자〉에서는 홍수로 인해 물이 가득한 호수와 저녁 무렵의 어둠이 깔린 대기를 배경으로, 상복을 입은 여성이 나이에 맞는 젊음을 상실한 모습을 하고 있다. 다른 한편 세례자는 죄를 없애는 도덕적인 물이 아니라 어머니가 되는 물에 씻겨서 남성을 상실했고, 그 모습은 짙은 어둠에 잠겨 있다. 그런데도 그는 미소를 짓고 있다. 이와 같은 상실과 멸망의 미학에 화가가 집착하는 이유는 무엇일까? 그리고 이와 같은 불가사의한 미소는 과연 무엇인가? 뒤에서 바타유와 더불어 생각해보자.

새로운 해석으로: 바타유의 다 빈치론

좌절한 인간

바타유는 1951년 월간 서평지 『크리티크』에 12페이지 정도의 논문 「레오나르도 다 빈치」를 발표했다. 말미에는 앙드레 말로가 펴낸 화집 『다 빈치의 전 회화작품집』(1950)과 안토니나 바란턴의 전기적 연구인 『레오나르도 다 빈치』(1950)에 대한 설명이 첨부돼 있다. 이 시기의 다 빈치에 대한 소개는 19세기와는 이미 엄청난 차이를 보이고 있다. 화집은 모노크롬 복제화(모사에 의한 판화 인쇄물)에서 컬러 사진으로 바뀌었고, 여러 연구 성과들의 잇단 발표로 인해 다 빈치의 과학에 대한 관심을 구체적으로 드러내 보이고 검증하는 단계까지 나아갔다.

르네상스 말기의 종합 예술가 조르조 바사리(1511~1574)는 저서 『예술가 열전』(1550)에서 다 빈치를 '신과 같은 인간'으로 지칭했지만, 바타유는 다 빈치를 만능의 천재로 치장하지 않고 역으로 좌절한 인간이란 관점에서 검토하기 시작했다. 어쨌든 바타유에게는 니체와 같은 개인숭배의 그림자는 없었다. 시대 배경이 바뀐 것이다.

19세기 후반에 니체의 눈앞에서 확산되던 현상은 국가주의 내부에서의 민중의 획일화(그의 말을 빌면 "사육된 무리화")였다. 20세기 전반에 바타유가 목도한 것은 러시아부터 에스파냐까지 다양하고 특별한 개인, 즉 독재자를 민중 위에 군림시켜 유럽 전체를 불행에 휩싸이게 만든 새로운 상황이었다. 개인숭배, 영웅 신앙의 폐해는 너무도 컸다.

바타유가 개인숭배를 배척한 이유는 또 한 가지가 있었다. 문화는 공동성(共同性)으로 작동한다는 것을 그는 확신하고 있었기 때문이다. 여기에는 개체에 대한 니체의 시각도 영향을 미치고 있으며, 마르셀 모스(1873~1950) 같은 프랑스 종교사회학자가 제시한, '전체운동'으로 사회를 이해하는 시각도 연관돼 있다. 어쨌든 바타유가 보기에 문화는 천재적인 개인에 의해 형성돼가는 것이 아니라 인간들의 감성과 지성의 커뮤니케이션에 의해 생겨나고 존속해가는 것이었다. 다 빈치는 이런 문화의 공동성을 자각하지 못했기 때문에 좌절했다고 바타유는 생각했다. 근대적인 의식을 갖고 있었지만 자신의 틀 안에 갇혀서 근대라는 새로운 시대를 진정으로 개척하는 것이 불가능했다는 것이다.

자연에 대한 공포로서의 노동

1930년대에 알렉상드르 코제브(1902~1968)의 마르크스주의적 헤겔 해석을 배웠던 바타유에게 근대란 무엇보다도 노동의 시대였다. 노동에 의해 세계는 변화한다. 즉 자연을 변화시켜 인간 세계를 새롭게 구축하는 것을 의식적 · 계획적으로 실천한 것이 근대라는 것이다. 바타유는 인간의 능동성은 인정했지만, 헤겔이나 코제브와는 다르게 능동성의 근원적인 동기로서 자연에 대한 인간의 공포심과 혐오감에 주목한다. 즉 자연에 의해 촉발된 공포나 혐오 같은 심리적인 내적 체험으로부터 노동에 대한 욕구를 포착해내고 있다.

근대의 여명기에 살았던 다 빈치에 대해서도, 바타유는 그가 자연을 마음속으로부터 사랑했지만 자연이 인간에게 끔찍스런 존재라는 점에 먼저 주목하고 있었다고 생각했다. 동굴의 짙은 어둠에 대한 두려움, 대홍수에 대한 공포, 남녀 간의 성교에서 보여지는 짐승 같은 모습들에 대한 생리적인 혐오, 정육점과 육식의 기피, 악취나는 도시의 오물과 구정물에 대한 증오. 다 빈치의 글에서 드러나는 이런 경향으로부터 바타유는 노동에 대한 다 빈치의 충동을 설명했다.

확실히 세계를 변화시키려는 다 빈치의 시도는 많은 경우 고안으로만 끝나고 있다. 이런 점에서 사람들은 근대성에 대한 다 빈치의 거리두기를 생각해볼 수 있다. 그렇지만 노동이란 톱니바퀴 역할을 무자각적으로 받아들인 근대인들보다도, 책상 위에서 세계 변혁에 대한 의욕을 불태운 다 빈치의 경우가 훨씬 근대성의 본질에 육박했다고 바타유는 보았다. 바타유가 짚어낸 뛰어난 대목이다.

다 빈치는 단순하게 자연에 대해 고민만 한 것이 아니라, 자연을 변화시키고 자연의 작용을 없애려고도 했다. 인간은 단순히 자연에 대한 은밀한 구토감만으로 자연에 대립하는 것은 아니다. 그와 같은 구토감은 미개인에게서도 찾아볼 수 있다. 인간은 그 이상으로 자연계를 인간 세계로 변화시키는 것, 즉 노동에 의해 자연을 변화시키는 것을 통해 자연과 적극적으로 대립하고 있다. 그러나 과연 누가 다 빈치 이상으로 모든 방법을 동원해 자연을 인간의 의지로 극복하려고 노력했고 자연과 투쟁했는가. 그의 이런 정념은 그가 비록 도면으로만 도시의 **하수도 배관 시스템**을 창조했을 뿐이라도 한층 더 주목할 가치가 있다. 후대의 사람들이 그와 같은 시스템을 다시 고안한 것은 단지 자신들의 전문적인 활동이 요구하는 문제에 대해 한 가지 해답을 제출한 것에 불과하다. 다 빈치의 투쟁은 정념으로 귀착된다. 이 정념은 주문받은 유익한 노동보다는 책상 위의 공론이란 모습으로 확실하게 드러나는 그런 정념인 것이다.

근대의 여명기를 표류하다

고독한 고안자

그러나 다른 한편, 다 빈치의 고안이 책상 위를 벗어나 밖으로 나가 타자와의 공동성으로 들어간 경우는 거의 없었다. 다른 기술자와 함께 고안해 만든 도구를 구체적 현실에 적용하기 위해 애쓴 흔적도 없고, 자신이 획득한 과학적 지식을 기록으로 묶어서 세상에 확산시키려는 시도도 하지 않았다. 확실히 과도기 시대였고 자연에 대한 노동의 의미를 이해하고 있었다고 하기는 어렵지만, 자연의 어둠에 사로잡힌 마술과 연금술로부터 벗어나고 있었다. 바타유는 이렇게 말했다.

다 빈치는 오직 혼자서 세계의 형태를 변화시키려고 했기 때문에, 그의 그런 시도가 아무리 깊이가 있어도 우리들에게는 불안만을 각인시켰다. 그리고 그 자신도 이런 새로운 세계 속에서 초초해하고 있었다. 그것은 이 세계가 자연에 대립하는 것을 스스로 인식시킬 수 있는 힘을 어떤 일반적인 합의로부터 도출해낼 수 없었으며, 또한 다른 한편으로 이 세계는 자연과 닮기도 했고 그렇지 않기도 했기 때문이다.

고독한 고안자 다 빈치가 고독한 지도자가 되어 자신의 기획을 실행했다 크게 실패한 유명한 사례가 있다. 1503년에 시도된 아르노 강(피렌체를 통과해 피사로부터 지중해로 흘러 들어가는 대하)의 수로 변경 사업이었다. 과학평론가 앙드레 라바르토와 장자크 살로몬이 발표한 다 빈치론 『박식한 인간: 환시자인가 과학자인가』(1959)에 흥미 있는 내용이 있어 소개한다.

　　15세기의 모든 기술자들은 물을 에너지원으로 이용하기 위해 고심하고 있었다. 그들은 운하를 파거나 수문·수차·배수관 등을 만들기 위해 싫든 좋든 강의 유량법칙과 수력 펌프 기구를 연구해야만 했으며 얼마간 성공을 거두기도 했다. 아르노 강의 수로를 바꾸기 위해 다 빈치의 지도에 따라 축조된 제방은 첫번째 태풍을 견디지 못하고 무너졌는데, 어느 증인의 기록에 따르면 "강은 자신에게 법칙을 들이미는 자들을 조소하고 이전과 같은 모습으로 유유히 흐를 뿐"이기 때문이었다.

다 빈치는 심한 고독벽이 있었다. 그러나 항상 고독에 젖어 있었던 것은 아니고 자신의 수력학에 대한 연구를 '물에 관한 개론'이란 제목을 붙여 책으로 묶으려고도 했다. 그렇지만 이것도 좌절되었다. 모든 힘의 흐름을 좇다가 내면의 흐름과 외계의 흐름의 뒤섞임에 농락당했기 때문이었다. 바사리는 다 빈치의 변덕에 대해서 언급했

■ 〈자화상〉

레오나르도 다 빈치, 1515년경, 토리노 구왕립도서관 소장는데("그토록 다양하게 변하기 쉬운 성격" "시작했다고 생각했다 바로 그만둬버리는" "끊임없는 의문과 곤란한 질문에 마음을 빼앗겨버리는"), 그것은 다시 말하면 자신의 감성을 차츰차츰 세계의 다양성에 반응시키는 것이었다. 이런 감성의 존재방식은 근대 과학의 구축으로 향하고 있지 않다. 17세기 과학혁명을 추진한 사람 중의 하나인 데카르트는 탐구자의 자아를 '생각하는 도구'로, 탐구의 대상인 세계를 '기계'로 바라보았다. 이 기계는 법칙에 따라 움직이는 하나의 거대한 물체이다. 주체와 객체를 이와 같이 한정시킨 사물과 사물의 관계로 바라볼 때 과학이론이 구축될 수 있다. 다 빈치의 경우, 근대의 노동에 의욕을 보였지만 유동하는 객체와 그 유동성을 한정 짓는 주체의 호응에 따를 뿐이었다. 그러므로 그는 과학이론서를 완성할 수 없었다. 그는 혼자이기를 고집했으며, 근대 정신의 패배자란 탈을 쓰고 근대의 여명기를 표류했다.

바커스의 미소

바타유는 이런 패배자의 그늘을 다 빈치의 회화에서 읽어냈다. "누구도 자기 혼자서 세계를 만드는 것은 불가능하다. 바로 이 점에서 다 빈치 회화의 아름다움이 우리를 파고들 때, 우리들의 가슴속을 쥐어짜고 희유하고 고통스럽게 하는 인상이 생겨나는 것이다."

니체는 토리노에서 디오니소스의 미소를 지으면서 광기의 늪으로 침몰해갔다. 다 빈치 최후의 회화인 〈세례자 성 요한〉은 만년에 그가 집착했던 바커스(디오니소스의 라틴어 이름)를 반영하고 있다. 풍요와 광기의 신인 바커스는 대지의 모신(母神)과 비

■ 〈성 안나와 성 모자〉
레오나르도 다 빈치, 1499~1501년, 런던 내셔널 갤러리 소장

숫한 미소를 지으며 자신이 생산한 것을 미치게 만들고 소멸시킨다. 자연에 대한 자기 방식의 근대적인 시도가 좌절될 때마다 다 빈치는 이 신에게 미소 지으며 죽음의 유혹에 끌려들고 있음을 감지했다. 〈성 안나와 성 모자〉의 밑그림 이래, 그림에 묘사된 신비한 미소는 인간의 미소가 아니다. 자연계의 죽음에 대한 미소인 것이다. 다 빈치는 이 미소를 결코 부정하거나 왜곡하지 않고 최후의 순간까지 직시하며 인정했던 것이다.

| 2 장 |

죽음의 원근법: 홀바인과 프로이트

프로이트가 개척한 지평

현대 사상과 죽음의 문제

현대 사상은 죽음의 문제를 직시했고 이 문제를 깊이 파고들었다.

죽음을 극복했기 때문이 아니었다. 죽음이 인간 생의 본질이라고 판단했기 때문이었다.

근대 서양이 오랜 기간 경시했던 죽음의 문제를 사상의 무대로 이끌어낸 것은 현대 사상의 선구자 프로이트(1856~1939)이다. 그는 1920년에 발표한 『쾌락원칙을 넘어서』에서—미처 정리되지 않은 측면이 있긴 하지만— '죽음에 대한 본능'이 인간의 근원적인 충동이라고 분명하게 주장한다. 그 후 현대 사상의 욕망론은 많든 적든 프로이트가 1920년에 개척한 지평 안에 존재한다.

그럼에도 불구하고 도대체 무슨 이유로 프로이트는 '죽음에 대한 본능'에 대해 언급하는 것일까? 그 연원에는 1차 세계대전(1914~1918)의 비극이 있다. 근대 서양을 긴 잠에서 깨어나게 한 죽음의 문제와 대치시킨 것은 근대 서양이 스스로 일으킨 미증유의 불행이었던 것이다.

정신분석의 두 가지 명제

프로이트는 1차 세계대전이 시작되고 몇 개월 후의 편지에서 이렇게 쓰고 있다.

나는 전쟁으로 충격을 받고 나서, 정신분석이 제출한 두 가지 명제—그것은 분명히 정신분석에 대한 좋지 않은 평판을 불러일으킨 것이지만—를 당신에게 상기시키고 싶었습니다.

정신분석은 신경증 환자의 병상(病狀)에서만이 아니라, 건강한 사람의 꿈과 잘못된 행위에서도 인간의 미개하고 야만적이며 사악한 충동이 억압된 상태로 무의식 속에 머물고 있다는 것을 추론했습니다. 그것(정신분석)은 또한 우리들의 지성이 약한 것이며, 본능과 정동(情動)의 장난감이고 도구라는 것을 우리들에게 가르쳐주었습니다.

만약 당신이 지금 이 전쟁에서 일어난 일—가장 문명화된 국민도 책임을 져야 하는 잔혹함과 부정, 자신의 거짓과 악행을 판단하는 다양한 방법과 통찰력의 결여—을 관찰한다면, 당신은 정신분석의 두 가지 명제가 올바르다는 것을 인정할 것입니다.

정신분석은 이런 점에서 완전히 독창적이지 않은 것 같습니다. 많은 사상가와 인간을 연구한 사람들은 이와 유사한 내용에 대해 언급하고 있습니다. 그러나 우리의 학문은 그 양쪽을 상세하게 연구하고, 그것을 이용해서 많은 심리학적인 난제들을 해명하는 데 빛을 주었습니다.(1914년 12월 28일, 프로이트가 프레데리크 에덴에게 보낸 편지)

사악한 파괴의 충동은 병자와 미개인뿐만 아니라 문명인의 특성이기도 하다. 즉 인간 일반의 특성에 대한 발견인 것이다. 그리고 지성은 정동의 장난감에 불과하다. 다르게 말하면 인간의 주인은 이성적인 자아가 아니라 무의식적인 본능이란 발견이다. 1차 세계대전은 정신분석이 발견한 이 두 가지가 얼마나 타당한지를 입증해주었다. 프로이트는 이것을 확신하고 있었다. 그리고 이런 확신으로부터 '죽음에 대한 본능'이란 테제를 수립하기에 이르렀다.

이 장에서는 우선 서양에서 1차 세계대전이 갖는 의미를 생각해두고자 한다. 여기서부터 서양이 근대화로 향하는 그 최초의 단계, 즉 15~16세기에 죽음의 문제가 드러낸 것을 '죽음의 무대(danse macabre)'에서 그렸던 한스 홀바인(1497~1543)의 작품을 통해 확인해보려고 한다. 이 화가와 더불어 죽음을 경시했던 낙천적인 근대 서양의 인간중심주의를 그 발단에서부터 상대화시켜보겠다.

1차 세계대전의 비극

인간에 대한 반성

1차 세계대전에서의 사망자는 군인만 850만 명이었고 직접·간접적으로 전쟁과 관련된 민간인 사망자는 천만 명에 달했으며, 유럽인이 다수를 점하고 있었다. 그러므로 유럽인들은 이 전쟁을 '대전(大戰)'이라고 부른다. 역사가인 카는 이것을 '유럽 내전'이라고 명명했다.

비극의 규모로 말한다면 2차 세계대전(1939~1945)이 훨씬 컸다. 이런 상황을 보면 뭔가 깊이 있는 반성이 이루어졌다고 하기 어렵다. 죽음의 문제는 정치제도 혹은 문명의 문제로 취급됐고, 인간의 본질적인 문제로서 다루어질 기회를 상실하고 말았다. 야만적인 정치제도, 즉 전체주의가 죽음의 원흉이라고 간주돼버린 것이다. 단숨에 십수만 명의 비전투원을 죽음으로 몰고 간 원폭투하가 문명적 행위인지 아닌지 진지하게 질문되지도 않은 채 말이다.

좌, 우, 중도, 어떠한 정치 이데올로기도 깊이 있는 인간 탐구의 길로 사람들을 유도하지 못했다. 사전에 선악을 고정시킨 상태라면 인간의 심연에 이르는 길은 닫힐 수밖에 없는 것이다.

확실히 2차 세계대전의 경우와 다르게 1차 세계대전에서는 대전국들 사이의 정치적인 색채가 불명확했는데, 이런 점은 인간에 대한 질문을 던지기에 유리한 상황이라고 할 수 있다. 협상국의 정치제도를 보면 입헌군주제(영국), 공화제(프랑스), 황제체제(러시아) 등으로 실제로 가지각색이었다.

그리고 3국 협상 측과 3국 동맹(독일, 오스트리아·헝가리, 이탈리아) 측의 대립이 유사하게도 영토 소유욕 때문이라는 것도 중요하다. '유럽의 내전'으로 불리는 이유가 여기에 있다. 유럽 안팎에서 지배권의 구도를 조금이라도 자국에 유리하게 확정하려는 욕망 때문에 서양의 제반 국가들은 한결같이 내달렸다.

20세기 초까지 지구상의 거의 모든 지역이 서구 제국의 식민주의에 의해 분할되어 지배된 사실 또한 중요하다. 그럼에도 불구하고 서구 제국은 왕성한 영토 소유욕을 계속 발산했다. 이로 인해 아집이 생겼고 그것이 전쟁으로 이어졌으며 많은 희생자를 내기에 이르렀다.

쓸데없는 부정작용

그러나 이런 과정을 자기 이익을 위한 어리석은 욕망의 충돌로 이해하는 것만으로는 충분치 않다. 일단 거시적인 입장에 서볼 필요가 있다. 서구 제국에서 공통으로 발전된 외부에 대한 욕망이 그 외부를 상실했을 때 폭력적으로 내향하기 시작한다는 것에 주목할 필요가 있다. 서양을 풍요롭게 만든 식민주의에 대한 욕망이 어느 한계에 도달하면, 역으로 서양 자신을 파멸시키는 쪽으로 가는 것이다.

만약 코제브 유의 헤겔 개념인 '부정작용(주어진 상황을 부정하고 새로운 것으로 변환시켜 소유하려고 하는 변증법적 활동으로, 코제브는 '행동'이나 '노동'으로 부르기도 한다)'을 서양의 식민주의에 적용해도 좋다면, 20세기 초의 이런 '부정작용'은 지리적으로는 이미 한계에 도달했다고 해도 좋을 것이다. 그리고 그 후 1차 세계대전은 코제브에게 영향을 받은 바타유의 개념인 '쓸데없는 부정작용'의 양상을 보였다고 할 수 있다.

바타유는 2차 세계대전 중에는 어떤 정치 이데올로기에도 의탁하지 않고 한결같이 몸의 내적 체험을 통해 인간을 탐구했다. 당시의 성찰록에는 다음과 같은 기록이 있다.

> 나에게 무질서는 쓸데없는 힘에 기인하고 있다. 나는 X(코제브)에게 보낼 편지를 찢어버렸다(혹은 잃어버리고 말았다). 그 편지 속에서 나는 역사를 완료시켜버리면 부정작용은 쓸데없어질 것이라는 생각을 표명했다. 부정작용이란, 즉 행동 —무엇인가를 뒤집는—인 것이다(헤겔이 문제가 되고 있다). 쓸데없는 부정작용은 이것을 생성시키는 자를 파멸시키는 것이다(『유죄자』, '현하의 불행' 장, 1절 '대이동', 결국 이 편지는 발견되어 『유죄자』의 '보론'에 수록되었다).

아시아·아프리카 지역에 대한 식민지화라는 서양의 '부정작용'의 역사는 1900년대 초에 거의 완료되었다. 부정할 외부가 이미 사라지기 시작한 것이었다. 그러자 해소할 길이 없어진 '부정작용'의 힘은 이성적인 구축력·통합력을 상실하고 기저의 파괴적인 힘, 즉 폭력이 되어 주체 자신을, 서양 자체를 습격해버린 것이다.

내부의 폭력을 드러낼 때

'부정작용'이 폭력을 내재하고 있다는 것은 중요하다. 이것은 1차 세계대전에 동원된 대부분의 젊은이들이 끔찍할 정도로 체험했으며, 프로이트 같은 지식인도 민감하게 파악하고 있었다.

나무를 베어 집 짓는 것을 생각해보자. 이와 같은 행위 전체가 '부정작용'이지만, 살아 있는 나무를 자른다는 1단계 행위의 폭력성은, 많은 경우 집을 짓는다는 2단계 행위의 생산성의 그늘에 가려져 보이지 않는다. 혹은 2단계를 위한 합리적 행위로 받아들여져 그 무서운 그늘의 정체는 은폐되어 망각되기에 이른다.

'부정작용'은 실제로는 주체의 변용 과정이기도 하며 1단계의 행위로 향할 때, 주체는 동시에 자기 자신의 상황도 바꿔간다. 자신에 대해 폭력을 행사해 적극적으로 자신의 외면을 파괴하고, 폭력적인 내면을 현재화시키는 것이다. 자신에게 폭력을 겨누는 것, 그리고 폭력적인 내면과 확실히 공존한다는 것으로 인해 주체는 위기 상황에 빠진다. 헤겔은 그것을 "절대적으로 파열되고 있는 상황"이라고 말했다. 게다가 객체에 대한 폭력은 예측하지 못한 저항에 맞부딪치는 위험을 수반한다. 그러나 이렇든 저렇든 2단계의 창조로 옮겨가면, 즉 집을 소유하는 형태로 주객이 합일되면 폭력의 경험은 사소하게 치부되거나 잊혀지게 된다. 헤겔은 경험을 기억해가는 것 자체가 지양의 요건이라고 강조했다. 그러나 그런 강조는, 변증법의 길로 나가는 사람에게 망각이 필연적인 것임을 헤겔은 그 누구보다도 잘 알고 있으면서도, 그런 사실을 드러내지 않기 위해 행한 것은 아니었을까.

살아 있다는 것을 잊었는가

최초의 외부 없는 전쟁

서양의 근대 전쟁, 특히 식민지 획득을 위한 싸움은 1차 세계대전이 발발하기까지 '부정작용'의 변증법적 과정을 대체로 완수할 수 있었다. 적이 외부로서, '부정작용'의 객체로서 존재했다고 해도 좋을 것이다. 즉 폭력에 의해 상대를 해체하는 것이 가능했고, 그것에 의해 자신들이 바라는 정치체제를 상대방에게 강요해서 상대방을 자신들과 동일화시킨 것이다. 이를 통해 영토, 배상금 같은 전리품까지 상대한테서 약탈했다.

1차 세계대전 개시 직후에 파리와 베를린의 영상을 본 적이 있는데, 정치가도 장군도 출정하는 병사들도 사기충천했고 씩씩해 보였으며 표정도 밝았다. 송별을 나온 여인들도 마찬가지 모습이었다. 이와 같이 서양인들이 전쟁에 대해 애초에 낙관했던 것은 전쟁과 관련해서 성취했던 '부정작용'의 역사를 갖고 있었기 때문이다. 1단계 행위의 폭력성을 망각할 수 있는 전쟁 경험을 갖고 있었기 때문에 전쟁을 단순히 외부에 대한 정복행위, 수탈행위로 보는 것이 가능했다는 것이다.

그러나 1차 세계대전은 외부 없는 전쟁이었다. 지리적으로 외부가 없었을 뿐만 아니라, '부정작용'의 객체에 상응하는 상대를 발견하지 못했다는 의미에서 이 전쟁은 내부의 전쟁이었다. 객체에 해당하는 그 무엇을 결여했다는 것은 '부정작용'이란 변증법적 과정이 성립할 수 없음을 뜻한다. 이 전쟁에서 '부정작용'은 전쟁의 시작과 동시에 생겨나 1단계의 폭력성이 극에 달한 4년 동안 공전했던 것이다. 유익한 결말에 도달하는 길을 만들지 못하고 4년 동안 단지 무익하고 폭력적인 정체만이 계속되었다. 그렇기 때문에 미증유의 사망자가 속출했다.

프랑스군의 입장에서 봤을 때 독일군은 확실히 적이었지만 외부가 될 수는 없었다. 자신과 동일한 '부정작용'을 실행하려는 상대, 자신과 동일한 욕망에 사로잡혀 자신과 동일한 역량으로 접근하는 상대는 거울에 비친 자신의 모습과 같은 존재였다. 두 진영의 모습은 같았고, 어느 쪽에서 보더라도 폭력을 지속적으로 행사하는 인간의 모습이었다.

브란덴의 체험

뒤에 시인으로 이름을 남긴 영국인 에드먼드 브란덴(1896~1974)은 1차 세계대전이 발발하자 자진 입대해 서부전선으로 출정했다. 서정적인 전원시인이라는 자신의 일면적인 외면을 부정하고 "군복을 입은 순진한 청년 목동(그 자신의 표현)"이란 양면성을, 모순을 경험하려고 했다. 전쟁 중에 그는 무용으로 전공십자훈장까지 받았지만, 전쟁의 폭력성을 경험한 "군복을 입은 순진한 청년 목동"은 고뇌했고 정신분열이 심

■ 참호전

솜의 전투 모습, 1916년

해져서 기억을 상실하기에 이르렀다.

그가 입은 정신적인 상처는 최전선의 비극을 직접 목격했기 때문이다. 서부전선은 참호전이었고 그로 인해 박격포탄과 지뢰, 독가스와 전염병, 우박과 진창으로 채색된 지옥이었다. 무엇보다도 사체가 적인지 아군인지조차도 구별할 수 없을 정도로 처참한 지상의 지옥이었다. 격전지 이플에서 브란덴은 "신조차도 상식을 일탈했다고 생각할" 참상에 숨죽일 수밖에 없었다. "살아 있음을 망각하라." 참호전으로 늘 밤의 어둠에 전율했던 병사들의 극한적인 심리를 표현한 브란덴의 명구이다(1928년에 출간된 그의 전쟁체험록 『전화(戰禍)의 저음』, 2장 '참호교육'에 실려 있다). 『옥스퍼드 영어사전』에도 기재되어 있는 이 문구는 어떻게 산 자가 죽음으로 침몰해가는지, 어떻게 죽음이 소생되는지를 전해준다. 서양에서는 오랜 기간 없었던 자각이었다.

현대 사상의 등장은 너무 늦었다

획득과 소유를 위한 변증법적 활동이 서양에 '화려한 시대(19세기 말부터 1914년까지의 서양의 번영과 평화를 표현하는 말)'를 가져왔지만, 대부분의 서양인들은 이런 활동에 잠재된 폭력성을, 죽음에 대한 힘을 망각하고 있었다. 생을 위한 노력이 죽음으로 이어질 가능성에 대해서는 생각지 못했던 것이다. 참호 속의 젊은이들은 매일 밤 '해소할 수 없는' 무기력한 상황 때문에 생의 근저에 있는 죽음에 대한 힘을, 그 고통을 계속해서 맛봐야만 했다. 근대 서양의 망각의 대가를 자신들의 육체로 지불해야만 했던 것이다.

그래서 그들 중에는 전후에, 식민주의를 배태한 근대 서양의 독선적 합리주의에 저항하는 래디컬한 문화운동에 참여한 지식인도 있다. 불턴(1898~1966) 같은 쉬르리얼리스트가 이런 경우에 해당되나, 그들의 반항은 헤겔의 변증법적 미학에 사로잡혀 시문학의 혁신에 머물고 말았으며 철저하지 않다는 비판을 피할 수 없었다. 또한 전후의 프랑스에 대해서 이야기하면, 포스트 근대 전쟁이라고 할 수 있는 이 전쟁의 의미를 못 본 체했으며 패전국인 독일을 근대 전쟁의 객체로 위치 지우고 막대한 배상금을 청구했다. 1919년에 조인된 베르사유 조약은 그런 의미에서 시대착오적이며 퇴영적인 조약이었고, 다음해에 발표된 『쾌락원칙을 넘어서』에서 드러난 프로이트의 인간에 대한 깊은 이해는 완전히 역방향의 성격을 드러내고 있다.

프랑스는 이와 같은 행위에 대한 대가를 다시 지불해야만 했는데, 그것은 20년 후 독일군에 의한 점령이란 대단히 굴욕적인 형태였다. 청년들이 참호전에서 체험한 지옥, 그리고 프로이트의 '죽음에 대한 본능'이 사상으로 배양되는 데는 시간이 필요했다. 니체의 가르침을 참조하면서 2차 세계대전 한가운데서 체계를 구축한 것이었다. 바타유는 독일과 프랑스의 정치적 대립의 근저로 내려가서 죽음의 힘을 스스로 '고통스런 형벌'로서 감내하면서 근대 서양을 망각으로부터 각성시키려고 시도했다. 2차 세계대전 중에 씌어진 성찰록인 『무신학대전』(『내적 체험』(1943), 『유죄자』(1944), 『니체에 대하여』(1945)로 이루어진다)은 현대 사상의 개막을 알리는 작품이다.

그렇지만 현대 사상의 등장은 두 번에 걸친 대전의 비극을 생각할 때 늦은 감이 있다. 근대 서양인은 왜 좀더 빨리 자기 반성에 이르지 못한 것일까? 근대로의 여정의 입구에서 절규하던 언어인 "죽음을 망각하라(memento mori)"는 말의 의미를 단지 학문적으로 고찰하는 것만이 아니라, 좀더 빨리 근대성 비판으로 발전시키는 것이 어째서 불가능했던 것일까?

죽음의 춤

영혼의 죽음과 신체의 죽음

브란덴의 명구 "살아 있음을 망각하라"는 "죽음을 망각하라"란 말에서 힌트를 얻은 것이다. "죽음을 망각하라"는 말은 15~16세기에 서양의 여러 나라에서 죽음의 도상 및 해골휘장과 더불어 확산되었던 경구이다. 죽음의 도상 중에서 중요한 것은 해골이 마치 살아 있는 것처럼 몸을 흔들며 산 사람들을 상대하는 '죽음의 춤'이다. 이 도상은 1424년 파리의 성 이노센트 교회(그리스도 탄생을 알게 된 유대인 왕 헤롯이 두 살 이하의 사내아이들을 살해한 일에서 교회의 이름이 유래되었다) 묘지의 회랑 벽면에 그려져 있는 그림을 본떠서 런던과 바젤 등 유럽 각지의 교회와 수도원 부속묘지의 회랑에 그려졌던 것이다.

장식된 장소에서 알 수 있듯이 '죽음의 춤'은 당시 그리스도교의 생사관과 깊은 관계가 있다. 중요한 점은 다음과 같은 두 가지이다.

그리스도교에 의하면 인간은 신체와 영혼의 공생으로부터 성립된 존재이지만 아우

■ 〈죽음의 춤〉

구이요 마르샹 간행, 1485년 파리 성 이노센트 교회의 벽화를 목판화로 만든 것구스티누스(354~430)는 『신국론』 13장에서 영혼이 신체로부터 분리될 때 신체는 죽는다고 설명했고, 이런 신체의 죽음을 '제1의 죽음'이라고 불렀다. 죽은 신체는 그러나 최후의 심판 때는 소생해서 영혼과 다시 공생한다. 생전의 인간으로 부활하지만 심판자 그리스도에 의해 악인으로 단죄되면, 그 인간은 지옥으로 떨어져서 그 업에 대한 대가로 언제까지라도 불태워지는 죽음의 고통을 영원히 맛봐야만 하는 것이다. 아우구스티누스는 이런 영원의 죽음을 '제2의 죽음'이라고 불렀다. 그렇다면 '제2의 죽음'의 원인은 무엇일까? 그것은 생전에 영혼이 악에 물든 상태로 있는 것, 즉 아우구스티누스에 의하면 신이 영혼을 내버려두어서 영혼이 죽은 상태를 말한다. 그러므로 뒤집어 말하면, 영혼이 깨끗한 상태로 '제1의 죽음'을 맞은 인간은 최후의 심판 때 천국행이 결정되어 영생을 얻는 것이 가능하다는 것이다.

이런 생사관이 '죽음의 춤'에 전제돼 있다. 즉 이 도상의 근저에 깔린 "죽음을 망각하라"는 경구는 머지않아 다가올 '제1의 죽음'을 상기시켜 영혼을 정화하고 죽음에서 구원해서 그와 같은 '제2의 죽음'을 피하라는 제언을 근본적인 내용으로 하고 있다. 그러므로 여기서는 세 가지 종류의 죽음(영혼의 죽음, 신체의 죽음=제1의 죽음, 영원의 죽음=제2의 죽음)이 문제가 되고 있으나, 현세의 인간이 직면해 있으며 명심해야 할 것은 '제1의 죽음'의 필연적 도래, 즉 현세에서의 생의 무상함과 영혼의 죽음, 다시 말하면 죄악의 중대함이었다. 도상 '죽음의 춤'과 "죽음을 망각하라"는 경구는 무엇보다도 현세에서 인간들의 생의 무상함을 강조하고 영혼에서 죄악의 불식, 다시 말해 속죄의 필요성을 산 자들에게 자각시키려고 한 것이다. 바로 이 점이 중요하다.

죽음 앞에서의 평등

또 하나 중요한 것은 모든 인간이 죽음을 피할 수 없다는 죽음 앞에서의 평등주의(이 경우의 죽음은 신체의 죽음, 즉 '제1의 죽음'을 말한다)가 '죽음의 춤'을 관통하고 있다는 점이다. 그 시대 모든 계층의 사람들은 제각각 이와 같은 해골상에게 이끌려 죽음을 향해갔다. 때문에 이 경우 '춤'은 춤이라기보다는 오히려 죽음으로 유도되는 사람들의 행렬이라고 할 수 있다.

이런 평등주의는 민주적인 근대 시민사회의 맹아라고도 부를 수 있을 것이다. 니체라면 보다 깊이 파고들어 이와 같은 평등주의에 대해서 강한 개인에 대한 원한을 감지했을지도 모르겠다. 생명력 넘치는 강자들에 대한 반감으로부터 약한 것이야말로 선한 것이라는 도덕기준을 설정하고 그런 강자들의 오만방자한 생활방식을 부정하고 약자들을 규합한 것이다. 이와 같은 방식으로 교묘하게 자신들의 권력욕을 채운 것에 대해서, 니체는 특히 그리스도교 성직자들을 비난했다.

그리고 비슷한 존재로, 프랑스 혁명을 준비한 계몽주의자들과 '목사 내셔널리즘'에 물든 근대 독일의 시민계층을 지탄했다.

홀바인의 경우

개인의 시대 속에서

르네상스는 1300년대 이탈리아에서 발아해서 1400년대 피렌체에서 재능 있는 개인들이 예술, 고전연구, 상업, 정치 분야에 속속 등장하면서 일대 문화 현상이 되었다. 그러나 북유럽의 경우는 다소 늦었다. 여전히 한편에서는 '죽음의 춤'이 확산되고 있었지만, 이곳에서도 유능한 개인들이 두드러지게 증가하는 시대로 이미 접어들고 있었다.

이렇게 개인들이 두드러진 시대는 홀바인이 활약했던 시대, 즉 1500년대 전반기가 되면 한층 분명해졌다.

홀바인은 1523~1526년 사이에 스위스 바젤에서 '죽음의 춤' 목판화 41매를 제작했다. 이 목판화는 1538년에 프랑스 리옹에서 책으로 출판되었다. 책의 제목은 통상 '죽음의 춤'으로 불렸으나 정확하게는 『그림으로 묘사된 이야기로서의 죽음의 제상: 정교하게 묘사되고 인위적으로 고안돼 있다』였다. '이야기로서'라는 것은 각 도상의 윗부분에 성서에서 인용된 라틴어 문장 몇 행과 도상 아랫부분에 첨부된 4행의 프랑스어 운문을 가리킨다.

성 이노센트 묘지 회랑 벽면의 그림과 마찬가지로, 여기서도 각 계층의 대표자들은 해골상과 같이 있다. 그러나 회랑 벽면의 그림에서는 일군의 인간과 해골 사이에 연속성이 있고 전체적으로 행렬의 흐름을 느낄 수 있는 데 반해서, 홀바인의 경우는 각 도상의 독립성이 강하다. 또한 홀바인의 목판화에서는 산 사람의 손을 잡고 죽음으로 유도하는 해골들의 동작이 사라지고, 대표자 개인과 해골이 고립된 스냅 쇼트 형태로 되어 있다. 개인의 융성이란 점에서 보면 왕의 도상(73쪽의 그림)처럼, 실재 개인(프랑수아 1세)을 특화시킬 정도였다.

개인의 시대로 접어들었다는 것은 도상을 향유하는 방식이 변화한 것에서도 엿볼 수 있다. 1445년경 구텐베르크가 발명한 활판인쇄술에 의해 출판물이 순식간에 서양에 보급되었고, 출판물에 수록된 도상은 당연하게 독자라는 한 사람의 개인에 의해 향유되었다. 성 이노센트 묘지 회랑 벽면도의 경우, 연속체로서의 장대한 '죽음의 춤'을 이제는 5천, 6천이란 불특정 다수가 동시에 향유할 수 있게 된 것이다.

종교개혁도 개인의 시대의 도래를 반영하고 있다. 구텐베르크의 활판인쇄는 무엇보다도 성서를 보급시켰는데, 이것은 1517년에 루터가 시작한 종교개혁을 뒷받침했다. 그의 프로테스탄티즘의 본질은 신앙을 (유일)신—(한 권의) 성서—(한 사람의) 신자라는 개별적인 관계로 환원시켜 순수화하는 것이었다. 신과 신자와의 관계에서 성서 이외의 매개물은 신앙을 불순화하는 원인으로 간주되어 비판당했다. 면죄부, 전례, 거대한 대성당의 건축 등 금전욕에 사로잡힌 가톨릭 부패의 원흉이 이와 같은 매개물에 있다고 루터는 생각했다.

그에게는 교회를 장식하기 위한 성화나 조각도 비판의 대상이었다. 여기에서 과격한 민중이 성화나 조각을 파괴하는 운동이 발생했고, 1529년에는 바젤에도 이와 같은 바람이 불었다. 당시에 화가란 존재는 일차적으로 종교 화가를 의미했으므로, 바젤에 있던 홀바인도 수입의 감소는 물론 신변의 위험을 느껴 런던으로 도피했다. 그곳에는 에라스무스(1469~1536)의 소개로 알게 된 토머스 모어(1478~1535)가 있었다.

홀바인의 매력: 인간 저편과의 긴장관계

그러나 홀바인은 프로테스탄티즘에 반감을 품고 있지는 않았다. 오히려 그 비판정신에 호의적이었다. 종교개혁의 배경에 존재하는 개인 시대의 도래에 대해서도 그는 민감하게 대응하고 있었다. 목판화본 『죽음의 춤』의 출판에서도 이런 점을 엿볼 수 있지만, 무엇보다도 그가 초상 화가로서 출세했다는 점이 중요하다.

홀바인은 교우관계에 있던 에라스무스나 토머스 모어 같은 최고의 북방 르네상스 인문주의자들을 시작으로 천문학자, 상인, 관리, 대사제, 귀부인 등을 정확하게 그려냈다. "여기에 목소리까지 덧붙인다면 당신은 그의 모든 것을 얻게 되며, 그를 창조한 것은 화가일까 아니면 부친일까 하고 작은 머리를 갸웃거리게 될 것이다." 이 것은 런던에 온 독일 상인 딜리히 보른의 초상화에 덧붙인 홀바인 본인의 말이다. 자신감이 묻어나는 말이지만, 그는 스스로나 다른 유능한 인간들의 행위를 신뢰하지는 않았다.

묘사된 인물들이 그림 속에서 숨 쉬고 있는 것처럼 보이는 그의 초상화는, 개인으

■ 《죽음의 춤》

한스 홀바인, 1538년 프랑스 리옹에서 출간됨

로서의 인간이 등장하고 또한 주목받기 시작하던 당시의 시대적 흐름에 놀라울 정도로 조응하고 있으며, 이런 흐름을 추진시키는 듯한 인상을 부여하고 있다. 그렇지만 홀바인 초상화의 매력은 사실의 정확함에 있는 것이 아니라 유례가 드문 긴박감 자체에 있다. 인간의 능력을 엄밀하고 철저하게 추구한 자만이 해후할 수 있는 인간의 피안, 그 피안과 끊어지지 않는 긴장관계가 홀바인의 회화 세계를 엄격하고 깊이 있으며 매력적으로 만들고 있다.

그가 본 인간의 피안은 신적 차원의 세계일까? 그것은 아니다. 그렇다면 죽음의 세계를 말하는 것일까? 아마도 그럴 것이다. 그는 런던에서도 『죽음의 춤』의 비판정신을 견지하고 있었다. "죽음을 망각하라"는 경구는 그의 초상화 제작의 근저를 관통하고 있다. 그렇지만 그 죽음은 아우구스티누스의 '제1의 죽음', 즉 신체의 죽음도 영혼의 죽음도 아니었다. 이미 시대는 그리스도교의 생사관에서 탈피하고 있었다. 특히 홀바인처럼 엄밀한 정신을 소유한 인물에게는 더더욱 그러했다.

생과 더불어 존재하는 죽음의 힘

홀바인이 무신론자였다는 말을 하려는 것은 아니다. 앞에서 언급한 분류방식, 즉 '무신론자' '평신도' '열성신자'로 구분하면 홀바인은 다 빈치와 마찬가지로 '평신도'로 간주될 것이다. 즉 신앙이 있지만 자유롭게 활동했던 인물이었다. 그런데 이 자유란 〈묘지 속의 그리스도의 시체〉(1521)를 묘사하는 것이 가능한 정도의 자유였다. 도상에 부여된 상징적인 의미란 점에서는 이 그림 역시 무수히 많은 '죽은 예수' 상과 마찬가지로 인간 원죄의 깊이, 또는 부활의 예감을 표현하고 있다. 그러나 앞에

■ 〈딜리히 보른의 초상〉

한스 홀바인, 1533년, 윈저 성 왕립도서관 소장

서 언급한 것처럼 뛰어난 도상일수록 상징적 의미로부터의 일탈이 존재한다. 홀바인의 이 그림, 세로 30센티 가로 200센티 크기의 화폭에 그려진 예수의 모습에는 성서의 줄거리에서 일탈한 죽음의 처절함이 체현되어 있다.

도스토예프스키(1821~1881)는 45세였던 1867년에 바젤 미술관에서 〈묘지 속의 그리스도의 시체〉와 대면했는데, 이때 심한 발작을 일으켰을 정도였다. 이런 충격은 다음해 발표한 소설 『백치』 3편 6장의 등장인물 히폴리트의 입을 빌어 표현된다.

그때 이런 생각이 자연스럽게 마음속에 떠올랐다─죽음이 이렇게도 무섭고, 그 법칙이 이렇게 강하다면 어떻게 죽음을 극복하는 것이 가능할까? 살아 있는 동안 자연을 이긴 그리스도조차 결국 이기지 못한 힘을 극복하는 것이 어떻게 가능할까? 이 그림을 보면 자연이란 것은 거대하며 용서 없는 야수 같은 것이다. 보다 정확히 말하면 무한한 가치를 가진 위대한 존재(신)이며, 그 자체가 자연 전

■ 〈묘지 속의 그리스도의 시체〉
한스 홀바인, 1521년, 바젤 미술관 소장

체의 법칙이며, 그 존재의 출현만으로 지구 전체가 창조된 것인지도 모르는 존재를, 의미 없이 후려갈기고 물어뜯으며 감정의 동요 없이 집어삼켜버리고야 마는 어떻게 해볼 방법조차 없는 최신식 기계처럼 보인다!

전지전능한 창조자인 신을 삼켜버린 자연의 힘, 이것은 그 직후에 "모든 것이 굴복하고 어둡고 어리석으며 방만하고 무의미하게 영구히 이어지는 힘"으로 환치되고 있다. 홀바인이 인간의 저편에서 본 것은 이런 자연의 힘이다. 이것은 신조차 소멸시키는 죽음의 힘이지만 생과 더불어 생의 저변에서 꿈틀거리는 힘이며, 생명이 있는 것들이 살아 있다는 그 이유만으로 근저에서 작동하는 힘이다.

〈대사들〉

우울한 사자

홀바인은 근대의 여명기를 살면서 이미 근대의 본질을 간파했고, 근대를 근원적으로 상대화시킨 인물이었다. 그의 최후의 걸작 초상화인 〈대사들〉을 통해 이 점을 확인해두자.

홀바인은 런던 체류 중인 1534년, 정치적으로 근대의 여명을 밝힌 사건인 '국왕 지상권('수장령'과 더불어)'의 발령과 조우하게 되었다. 그 법령이 의미하는 바는 헨리 8세라는 한 사람의 인간이 영국에 대한 로마 가톨릭 교회의 지배권을 배제하고, 완전히 영국의 주권자가 되었다는 것이다. 정치에 있어서 인간중심주의의 탄생이라고 생각할 수 있다.

사건의 발단은 헨리 8세의 이혼문제였다. 로마 교황은 왕비 캐서린과의 이혼을 엄격하게 금지했지만, 헨리 8세는 이를 어기고 1533년 1월에 시녀 앤 불린과 은밀하게 결혼했다. 인접국인 프랑스의 왕 프랑수아 1세는 확실한 정보를 얻기 위해서, 또한 자신이 가톨릭 국가의 왕이지만 사실상 헨리 8세의 야망을 인정한다는 뜻을 전달하기 위해서 심복인 귀족 장 드 댕트빌을 런던에 대사로 파견했다. 같은 해 5월, 캔터베리 대주교 크랜머는 헨리와 캐서린의 결혼은 무효이며, 앤과의 결혼이 유효하다고 선언했다. 로마 교황은 헨리와 크랜머를 파문하는 강경한 조치로 대응했다. 통상적으로 대사라면 이와 같은 긴박한 정세에서는 감정이 크게 동요할 데, 댕트빌은 오히려 감정을 차분하게 가라앉히고 있었다. 그는 학문과 예술을 애호하고, 자기 비판력이 풍부한 사려 깊은 남자였다. 형에게 보낸 5월 23일자 편지에서 그는 이렇게 언급하고 있다. "나는 지금까지 보았던 대사들 중에서 가장 우울하고 따분하며, 또한 사람을 지긋지긋하게 만드는 대사지요."

별 재미없는 런던 체류 동안 댕트빌의 유일한 위안거리는 그의 뒤를 이어 프랑스 특사로 파견된 조르주 드 셀브와의 대화였다. 댕트빌은 같은 나라 사람과의 만남을 기념하기 위해서 홀바인에게 두 사람이 나란히 서 있는 초상화를 주문했다.

지적 르네상스를 상대화하다

북방 르네상스를 대표하는 명화가 이렇게 탄생한 것이다. 같은 르네상스로 불리지만 100년 전 피렌체에서 보였던 학문예찬, 과학예찬의 염원이 이 그림에는 없다. 회화의 세계를 쇄신하기 위해 피렌체 화가들이 꿈속에서조차 탐구했던 원근법적 표현도 여기서는 냉정하게 대상화되고 있다.

우선 두 대사 사이에 놓인 기구와 서적을 살펴보자. 이것들은 '네 가지 학문'으로 불리던 당시의 주요 학문인 천문학·산술·기하학·음악을 상징적으로 표현하고 있으며 동시에 이런 학문의 파멸을 암시하고 있다. 눈금·활자·악보·현의 세부까지 세밀하게 묘사하면서도, 인간들의 학적인 행위의 공허함을 전하고 있다(지구의는 받침대를 잃고 쓰러져 있고, 산술서의 첫 단어는 '분열'을 의미하는 라틴어 Dividirt이며, 악기의 현 한 가닥은 끊어져 있다). 이것은 물론 주문자인 댕트빌의 의향을 반영한 표현이었다. 그는 "죽음을 망각하라"란 의미의 해골휘장을 모자에 달고 있을 정도의 사람이었다.

북방 르네상스 인문주의의 큰 특징 중 하나는 인간이 인간의 능력과 활동을 신뢰하기 시작한, 아니 과신하는 경향이 드러나기 시작했던 그 시점에서 인간의 오만함을 바로잡으려 했다는 점에 있다. 홀바인도 이런 생각을 공유했으며, 그의 인간 비판은 누구보다도 근본적이었다.

신학적 인간 비판의 저편으로

에라스무스는 『우신예찬』(1511)에서 어리석음의 여신이 스스로 밀하는 형식을 빌어서 당시 각 계급의 인간이 얼마나 어리석은가를 풍자적으로 표현했다. 토머스 모어는 『유토피아』(1516)에서 '어디에도 없는 곳(u-topia)'으로서의 이상사회를 묘사하는 방식으로 실제 영국 사회의 결함과 악폐를 꼬집었다. 이들의 인간 비판의 기반은 최종적으로는 이성 신으로서의 그리스도교 신이었다. 이들이 신학자였던 것을 망각해서는 안 된다. 『제반 학문과 제반 예술학의 불확실성과 무익함』(1530)의 저자 코르넬리우스 아그리파(아그리파 폰 네테스하임, 1486~1535)는 풍자와 역설적인 표현을 쓰지 않고 보다 직접적이고 철저하게 인간의 지적 활동 전반을 비판했으나, 그의 비판

■ 〈대사들〉 부분

한스 홀바인, 1533년, 런던 내셔널 갤러리 소장

■ 〈대사들〉 부분

한스 홀바인, 1533년, 런던 내셔널 갤러리 소장

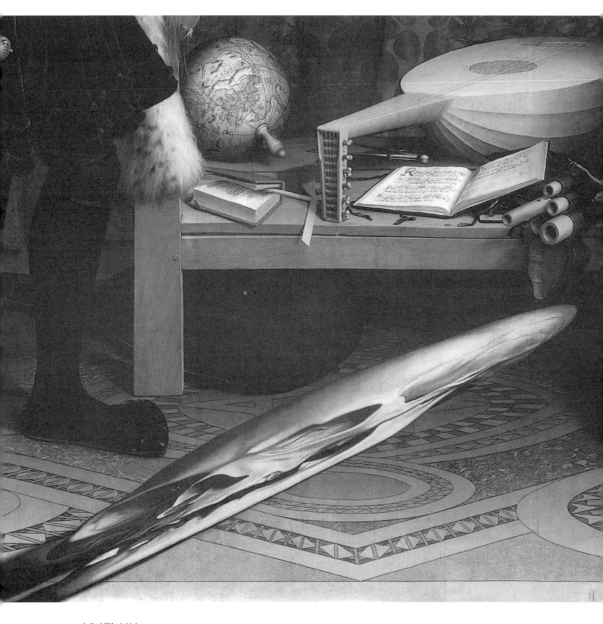

■ 〈대사들〉 부분

한스 홀바인, 1533년, 런던 내셔널 갤러리 소장

도 신의 영지와의 대비라는 구도를 취하고 있다. "모든 것을 배우는 것이 가능하다고 하더라도, 배운 자는 모든 것을 잘못 배운 것에 불과하다. 왜냐하면 신의 말은 과오로 잘못되지 않아야 하며, 진리에 도달하고자 하는 인간들이 한결같이 목표로 삼는 길이며 규범이기 때문이다. 그 외의 지식은 모두 시간과 망각의 희생물이며 결국은 소멸한다."

미술사가이자 『아나모르포시스』(1955)의 저자 바르트 샤이티스는 〈대사들〉의 바니타스 표현(의미 없음을 상징적으로 표현하는 것)을 아그리파의 신학적 회의주의에 가까운 것으로 판단하고 있다. 홀바인 또한 "인간의 허망함과 신적 진리의 대비" 속에 있다는 것이다. 그 증거로서 샤이티스는 배경 커튼 왼쪽 편에서 살짝 엿볼 수 있는 십자가상을 들고 있다. 그림 중앙에 놓인 물건들의 바니타스 표현, 그리고 가운데 테이블에 1미터 정도 되는 늘어진 "오징어 껍질 같은 정체불명의 것", 즉 아나모르포시스(anamorphosis, 왜곡상) 수법으로 묘사된 거대한 해골이 그림 왼쪽 끝의 작은 십자가상과 대비를 이룬다고 이 미술사가는 생각하는 것이다.

그러나 표현의 비중이란 면에서 이런 대비는 상당히 언밸런스하다. 주목해야 할 것은 두 사람이 파멸한 학문의 제 형상과 창출해내는 대비, 특히 그들이 인간의 이상한 두개골과 형성하는 대비다. 아니 보다 더 주목해야 할 것이 있다. 왜 홀바인은 바니타스 표현의 전형에 해당하는 해골을 많은 화가들이 그렇게 한 것처럼, 그 모습 그대로 화폭 안에—예를 들면 중앙의 테이블 위 같은 곳에—묘사하지 않았던 것일까? 엄밀한 원근법적 표현으로 구성된 화면 속에 왜 굳이 원근법적 표현의 변종인 아나모르포시스에 의거한 해골을 삽입시킨 것일까?

아나모르포시스와 불안한 자각

회화에서 원근법은 3차원 공간을 2차원의 평면에 묘사하는 표현방법이다. 그 중에서도 선원근법은 기하학적 원리를 기반으로 하는데, 1400년대 피렌체의 예술가들은 이것을 일종의 과학으로 간주했다. 이와 같은 과학적 창조행위가 근대를 특징짓는 '부정작용'에 의한 것임은 말할 필요조차 없다. 그렇지만 선원근법에 의해 완벽하게 구현된 회화, 즉 '부정작용'에 의해 이상 없이 성취된 회화는 감상자에게 '부정작용'의 변증법적 과정을 연상시키지 않는다. 공간을 평면에서 구현해야만 하는 폭력, 공간에 가해진 살해행위를 생각하는 감상자는 아마도 없을 것이다. 그저 '부정작용'의 성과에 만족할 뿐이다.

홀바인의 〈대사들〉은 감상자의 이와 같은 상태를 각성시킨다. 지금 감상자가 선원근법을 감상하는 최적의 위치, 즉 그림 앞에서 몇 미터 떨어진 정면 중앙에 서 있다고 하자. 특히 이곳은 '보는 주체'를 중심에 두는 선원근법적 회화의 이상적인 위치다. 그러나 홀바인은 이런 인간중심주의적인 장에서는 정확히 이해할 수 없는 것, 즉 "오징어 껍질 같은 정체불명의 것"을 화면에 등장시켜서 자신이 서 있는 위치, 다시 말해 전능함에 대한 의심을 유도한다. 이와 같이 자각은 불안과 더불어 찾아오는 것이다. 감상자들은 그런 불가해한 물체를 판별하기 위해 그림 앞에서 여러 방향으로 움직여보지만, 그들이 그런 과정을 통해 도달하는 곳은 그림 감상이 불가능해지는 위치 바로 앞, 즉 화면의 거의 끝인 오른편의 사교(司敎) 셀브가 그려져 있는 근처가 된다. 이렇게 회화 감상이 불가능한 곳까지 다다르게 되면 사람들은 눈앞에 있는 것을 명료하게 인식할 수가 없다. 겨우 거대한 해골이 아닐까 하고 판별해보는 정도다(그림 앞 최적의 감상 위치에서 유리원통을 이 도상에 교차시켜 해골을 감상하는 방법도 있지만, 홀바인 시대에는 그것이 없었고 또한 그렇게 감상해도 상은 변하지 않고 왜곡된 그대로다).

　대사들의 발밑에 아나모르포시스 기법으로 묘사한 두개골은 류트와 지구의처럼 대사들의 세계에 내재하고 있는 것이 아니다. '묘사된 인간'과는 다른 차원에 속하며, 다른 세계의 공허함을 전달하려는 듯 보인다. 이것은 '보는 사람'에게 죽음을 눈앞에 들이민다. 어떤 쾌감도 부여하지 않은 채로.

인간과 자연의 '죽음으로의 본능'

해골이더라도 완전히 형상화되었다면 '보는 사람'은 판별 가능한 쾌감을 얻을 수 있다. 그러나 형상으로 완결되지 않았다면 그것은 불가능하다. 이런 불유쾌한 느낌이 중요하다. 그것이야말로 죽음의 힘의 체험이다. 형상으로서 일정한 형체를 이루지 못하고 계속 해체되는 듯한 이 해골상은 틀림없이 도스토예프스키가 바젤 미술관에서 실감했던, "어리석으며 방만하고 무의미하게 영구히 이어지는 힘"을 체현하고 있다. 관점을 달리해서 말하면, 이 형상은 '부정작용'이 변증법적 과정을 상실하거나 일탈했을 때 나타나는 생생한 폭력을 형상화하고 있다고 할 수 있다. 홀바인의 아나모르포시스는 마니에리즘(전성기 르네상스 이후의 경향들) 회화에서 보이는 천박함과는 달리 '보는 사람'을 안일한 감상에서 분리시켜 원근법적 표현의 원풍경으로, 인간과 자연을 관류하는 폭력으로 이끈다. 섬세한 감상자라면 화면을 지우고 나타나는 거대하고 부정형한 죽음의 형상을 보고, 밤의 전장의 브란덴처럼 "살아 있음을 망각하라"고 중얼거렸을 것이다.

프로이트는 『쾌락원칙을 넘어서』에서 '죽음의 본능'에 모순적인 두 가지 측면이 있다고 보았다. 인간은 생명에 내재하는 긴장을 해소하기 위하여 생명 없는 상태로, 죽음으로 회귀하려고 한다. 프로이트는 이것을 '열반원칙'이라고 불렀다. 다른 한편, 인간은 왜 그런지 긴장을 반복하고 혼란과 부조화를 되풀이하며 살아가는 경향이 있다. 프로이트가 '반복강박'이라고 명명한 경향이다. 프로이트는 이런 '반복강박'에서 생의 무의식적 욕망, 즉 '악마적인 힘'의 움직임을 보았다. 이런 생에 의한 파괴력이 바로 바타유가 '해소할 수 없는 부정작용의 힘'이라고 표현한 것이다. 홀바인이 감지한 것도 이런 힘이었던 것이다.

프로이트는 근대의 위기를 체험한 뒤에 죽음에 이르는 본능을 드러내보였다. 그러나 근대의 여명기에 이미 각성한 홀바인은 아나모르포시스라는 이질적인 원근법적 표현을 통해 교만한 인간에게 죽음을, 살고 있지만 그렇기 때문에 발생하는 죽음으로의 강박을 암시했다.

3 장

계몽의 그늘: 고야와 바타유

고야와 모더니즘

근대 회화의 선구자

프란시스코 데 고야(1746~1828)는 근대 회화의 시조로 불린다. 이 경우 근대는 무엇을 의미하는 것일까?

우선 그것은 고전주의와의 관계를 끊었다는 것을 말한다. 즉 화가가 과거에서 주제를 찾지 않고 자신의 시대를 자유롭게 묘사하게 되었다는 것이다. 성서, 고대 그리스-로마의 신화, 역사적 사건을 그림의 주제로 선택하지 않고 동시대인의 생활과 자연의 풍경을 묘사한다. 그것도 명확한 형태표현에 얽매이지 않고, 도덕적인 우의에도 속박당하지 않으며, 생각한 그대로 묘사하는 것이다.

이런 모더니즘(근대주의)은 19세기 후반 프랑스 인상파 화가들에 의해 본격적으로 추구되었다. 고야는 그 선구자라고 불리지만 여기에 머물지 않았으며, 이후의 세대에 의해 직접적인 선행자로 평가된다.

나이를 먹을수록 고야는 현실의 근원적인 불합리성, 인간 욕망의 심상치 않은 면

90

에 관심을 갖게 되었고, 이것을 가능한 한 충실하게 묘사했다. 불가해하고 섬뜩한 느낌의 충동적인 작품들을 차례차례 생산했던 것이다. 이런 점에서 그는 20세기 서양 화가들의 선구자로 주목받고 있다. 보다 광범위한 감성과 사색을 '현대적으로 표현한 이들의 선구자로 간주되고 있는 것이다.

실제로 죽음과 어리석음, 격동과 불운, 에로스와 광기, 잔학함과 기괴함으로 점철된 고야의 후기 회화 세계는 현대 사상가들이 직시하고 체감하는 세계와 대단히 유사하다. 이와 같은 고야의 모더니즘에 잠시 주목해보자.

〈성 이시드로 목장〉

우선, 그의 초기 걸작들을 살펴보면서 시작하자.

1788년에 제작된 유채화 〈성 이시드로 목장〉. 탁월한 조망이다. 엷고 밝은 색조로 묘사된 먼 곳은 마드리드의 거리고 그 앞을 흐르는 것은 만사나레스 강이다. 시민들은 멋있게 차려입은 모습으로 강변의 목장에 몰려 있다. 오늘은 5월 15일, 마드리드의 수호성인인 이시드로 축제날이다.

그림 앞쪽의 경사면에는 유행하는 프랑스풍 의상을 입은 젊은 남자가 숙녀에게 손을 뻗어 이시드로 성수를 받으며, 비스듬히 앉아 즐겁게 이야기를 하고 있다. 흰 양산과 레이스가 눈부시며, 소풍의 즐거움이 흘러넘치는 18세기의 오후다.

백 년 앞서서 그려진 〈라 그랑드 자트 섬의 일요일 오후〉라 말해도 좋을 듯하다. 그렇지만 여기에는 쇠라(1859~1891)의 냉랭한 기하학적 구성은 없다. 그림과 화가의 간격도 느낄 수가 없다. 고야는 마드리드 서민들의 기쁨을 즐겁게 묘사했다. 그

■ 〈성 이시드로 목장〉
프란시스코 데 고야, 1788년, 프라도 미술관 소장

들의 명랑한 기분을 느끼면서 그것을 정성 들여 표현했다.

확실히 이 시기의 고야는 다른 사람들의 즐거움을 공유하는 것이 가능한 상황에 있었다. 에스파냐 북동부 아라곤 지방의 작은 마을에서 태어난 고야는 이 지방의 중심 도시 사라고사에서 그림수업을 받았다. 이후에 수도 마드리드에 간 것은 1774년, 28세 때였다. 산타바바라의 왕립 태피스트리 공장(태피스트리는 석벽에 장식과 방한을 위해 매단 일종의 융단으로, 이 공장에서는 왕궁·별궁용으로 수천 매를 직조했다)에서 밑그림 그리는 일을 하면서, 1781년에는 운 좋게도 산 프란시스코 엘 그란데 교회당의 부제단화 제작을 맡게 되었다. 〈성 이시드로 목장〉의 원경 중에서 중앙에서 조금 오른쪽에 거대한 돔이 보이는 건물이 그것이다. 그 후, 고야의 명성은 높아졌으며 주문이 밀려들었다. 1788년에 그린 이 그림은 이와 같은 상승세가 한참일 때, 태피스트리의 밑그림으로 묘사된 것이다. 그리고 다음해인 1789년에 그는 이 그림의 원경 왼쪽에 있는 요새 같은 왕궁에 염원했던 궁정 화가로서 출입하게 되었다.

그 후 고야는, 아카데미 회화부장(1795), 수석 궁정 화가(1799)로 공식적인 출세의 계단을 밟았으나, 즐거움 속에서 마드리드 민중과 교감하는 그림은 〈성 이시드로 목장〉이 마지막이었다. 양자 모두 바닥 없는 불행으로 떨어졌는데, 고야의 경우는 갑작스런 신체적 이상 때문이었고 민중은 급변하는 사회정세 때문이었다.

《검은 그림》

이상한 순례자들

고야는 만사나레스 강을 넘어서 마드리드 시내가 보이는 전망을 마음에 담고 있었는지, 73세 때인 1819년에 그런 전망을 지닌 집과 넓은 토지를 구입했다. 정치적 사정 때문에 1823년에 이곳을 17세인 손자에게 양도하고 물러났지만, 1층 식당과 2층 살롱의 벽면에는 놀라운 그림이 몇 점 그려져 있었다. 이 14점의 그림들은 오늘날 《검은 그림》이란 이름으로 불리며, 프라도 미술관에 전시돼 있다.

그러나 프라도에는 갤러리에 일렬로 진열돼 있어서, 원래 어떤 상태로 배치돼 있었는지는 알 수 없다. 고야의 집도 도시 개발로 인해 1900년대 초반에 흔적도 없이 파괴되고 말았다.

나는 프라도에서 두 번 이 연작 앞에 섰지만, 깊이 있고 차분하게 감상했던 것은 나루토(鳴戶)의 오츠카 국제미술관에서였다. 환경전시를 표방해서인지 고야가 살았던 당시 그대로 식당과 살롱을 만들고, 그곳에 14작품을 정확하게 복제해서 걸어놓았던

■ 〈성 이시드로제〉

프란시스코 데 고야, 1823년, 프라도 미술관 소장

것이다.

식당에 들어서면, 오른쪽 벽면에 장대한 〈성 이시드로제(祭)〉가 보인다. 검은색과 갈색의 어두운 색조 속에서 이상한 인간 무리들이 물결을 이루어 밀려들고 있다. 만사나레스 강을 건너고 목장을 가로질러, 경사면을 기어올라서 고야의 집 방향으로 육박해오고 있는 것이다. 같은 5월 5일 축일이지만, 마드리드 민중의 표정은 35년 전 〈성 이시드로 목장〉 때와는 완전히 달라져 있다.

선두에는 기타를 치면서 순례가를 부르는 백안의 맹인. 그 다음에는 매처럼 험상궂은 얼굴로 지팡이를 움켜쥔 노인. 바보처럼 눈을 크게 뜨고 있는 청년. 묘한 얼굴로 조용히 이곳을 응시하고 있는 자. 순례가를 같이 부른다기보다는 분노를 발산하는 것 같은 중년의 남자들이 줄을 잇는다. 옆쪽의 여자들은 상복 같은 검은 옷차림으로 고개를 숙이고 있다.

육친이나 신체적 기능, 재산 등 살아가는 데 가장 중요한 것을 잃고 생활이 완전히 변화된 모습이다. 너무나 처참한 상태에서 구원받겠다는 일념으로 새벽이 되기 전부터 누가 시작한 것인지도 알 수 없이 순례의 무리가 형성된 것이다.

고야의 집 근처에는 성 이시드로 성지가 있었다. 이시드로(1070?~1120)는 농민으로 우물에 빠진 아이를 살리고 바위 사이에서 솟아오르는 물을 끌어내는 등 많은 기적을 일으켰기 때문에 사후에 기우의 신·치료의 신으로 받들어졌다. 18세기에는 이시드로가 발견한 샘물로 왕자 시대의 펠리페 2세가 난병에서 쾌유된 경사가 있었기 때문에, 이시드로는 민간 신앙의 대상에서 그리스도교의 성자로 격상되었고 마드리드의 수호성인으로 간주되었다.

그 성수가 분출되는 샘과 그것이 봉헌되는 교회당이 고야의 집 근처에 있었다.

1788년의 〈성 이시드로 목장〉에 묘사된 마드리드 민중에게 이 성인의 축일은 흥겨운 나들이를 위한 실마리였다. 35년 후인 〈성 이시드로제〉에 묘사된 민중은 나들이와는 관련이 없다. 목숨을 걸고 성인의 영험에 기대려 하고 있다. 때문에 노래를 부르거나 소리를 지르는 등 엄청나게 떠들썩한 것이다.

무수한 욕망의 무리

고야는 집 앞 길에 흘러넘치는 불행한 자들의 축제행렬을 본 적이 있다. 그러나 그들의 시끄러운 굉음을 들을 수는 없었다. 고야는 1792년 말의 대환란 이래, 완전히 청각을 상실했기 때문이다. 그 덕분에 1797년에는 얻은 지 얼마 되지 않은 아카데미 회화부장직에서 물러나야 했다.

그가 성 이시드로 성지 근처에 구입한 집은 이전부터 '귀머거리의 집'이라고 불렸다. 새로운 주인이 된 고야가 청각을 상실한 상태에 안주한 것은 아닌 듯하다. 순례자들과 마찬가지로 이 성인의 은혜를 입고자 했던 것이다. 집을 구입한 직후, 중병을 얻어 사선을 넘나들 때도 마찬가지였던 것 같다. 이곳에 거처를 마련한 이유는 교회당부터 왕궁까지 보이는 훌륭한 전망(그것으로 자신의 출세 과정을 확인할 수 있었다)과 성인의 은혜에 대한 기대 때문이었을 것이다. 무엇보다 이 화가의 82년 생애를 관통하는 것은 외양에 신경 쓰지 않는 생명 의지(출세욕도 이것의 하나로 드러난다)이다.

그러나 그가 상실한 것은 청각만이 아니었다. 19명의 자식들이 태어나고 연달아 죽었다. 자연은 그것에 대해서는 언제까지나 준엄했다. 아내 호세파와의 결혼(1773)

은 의형이었던 궁정 화가 프란시스코 바예유와의 연줄을 굳히기 위한 것으로 정치적인 의미가 적잖게 포함돼 있었는데, 그 방면의 야심은 충족되었지만 자식 운은 없었던 것이다. 성장한 자식은 하나 정도였다. 원인은 젊은 시절 방탕한 생활 때문에 감염된 그의 난치병 탓이라고 한다.

연작 《검은 그림》 속에는 유사 이래의 그림 중 가장 잔혹하다고 평가되는 〈사투르누스〉가 있다. 자신의 병이 자신의 아이를 계속 죽이며, 자신만이 삶을 연장해가고 있다는 화가의 자책감이 자학적이면서도 어딘가 위협적인, 비애 섞인 늙은 괴물의 표정에 투영되어 있다.

부도덕한 정념에 사로잡혔는가 하면 도덕적인 반성에 침몰한다. 불순한 책략으로 보신을 위한 처세에 철저한 한편, 무방비적인 순수함을 속속들이 드러낸다. 다른 사람의 감정에 휘말리면서도 그것을 냉정하게 관찰한다.

어쨌든 살아남고야 말겠다는 고야의 강렬한 의지는 무수한 모순적 욕망을 따랐다. 그의 이런 정신 상태는 마드리드의 옅은 어둠 속에 천천히 밀려드는 무질서한 순례자 무리와 닮아 있다. 선두에서 맹목적으로 기타를 치는 모습은 고야의 생명 의지뿐만 아니라, 쇼펜하우어(1788~1860)가 음악에서 감지했던 근원적이고 맹목적인 '생에 대한 의지'를 연상시킨다. 아니 그 이상의 것을 생각하게 만든다. 물론 고야는 독일 철학 등에는 관심이 없었다. 그렇지만 쇼펜하우어는 고야와 현대 사상의 연관성을 이해하기 위해서 꼭 알아야 하는 철학자이다.

■ 〈사투르누스〉

프란시스코 데 고야, 1823년, 프라도 미술관 소장

고뇌의 계보학: 쇼펜하우어, 니체, 바타유

쇼펜하우어의 비관론

단지 우연의 일치에 불과하지만 고야가 '귀머거리의 집'을 구입한 1819년은 쇼펜하우어의 주저 『의지와 표상으로서의 세계』가 출판된 해이다. 말할 것도 없이 염세주의 철학의 대저다. 어떤 인간이든 근원적으로 갖는 생명 의지는 맹목적이고 이기적이며 억제가 불가능하고 채울 길 없는 충동이다. 그렇기 때문에 인생은 고뇌로 가득 차고, 세계는 언제나 투쟁으로 점철되기 때문에 어둡다.

이런 비관적인 세계관은 쇼펜하우어가 소년기인 1803년에 2년 동안 가족과 한 긴 여행에 뿌리를 두고 있다. 이 여행은 남쪽으로는 피레네 산맥 근처까지였고 에스파냐에는 가지 못했다. 가까운 거리에서 본 유럽 각국의 불행한 상황은 그를 페시미즘으로 기울게 했다. 특히 남프랑스 툴롱의 감옥에서 본 6천 명의 죄수들의 지옥과 같은 강제노동과 남프랑스에 산재해 있는 황폐한 집들과 빈민들의 비참한 모습은 쇼펜하우어의 뇌리에 깊이 박혔다. 뒷날 그가 술회한 바에 따르면 "나는 16살 때의 여행

도중에—정규 학교교육이란 것을 완전히 받지 않았음에도 불구하고—병·노·고· 사를 목격한 부처처럼, 생의 고뇌라는 것에 사로잡히게 되었다."

이 시기에는 나폴레옹에 의한 유럽 침략전쟁이 이미 시작됐고, 1806년에는 그 여 파가 독일에도 미쳤다. 이와 같은 참상은 서구를 돌아본 젊은 쇼펜하우어의 페시미 즘적인 세계관을 더욱 강하게 만들었다.

고뇌를 밖에서 봐야 하는가, 안에서 봐야 하는가

그렇지만 주의해야 할 것은 쇼펜하우어의 비관론은 고뇌를 고뇌로만 보는 사람의, 즉 고뇌를 일원적으로만 생각하는 사람의 비관론이다. 어떻게 해서 이와 같은 일원 적인 고뇌를 이해하게 되었을까? 그 원인은 그가 고뇌를 외적인 것으로, 거리를 두 고 보았다는 데서 찾을 수 있다. 그는 "고뇌라는 것의 포로가 되었다"고 후에 회상하 고 있지만, 소년 쇼펜하우어는 이국의 여행자라는 제3의 몸으로 죄수들의 고역을 보 았던 것이고, 단지 달리는 마차 안에서 남프랑스의 빈곤한 전원을 바라본 것에 불과 하다.

또한 그렇기 때문에, 즉 외재의 사태로서 고뇌와 접한 것이기 때문에 1819년 대저 의 끝부분에 '의지의 부정'에 의한 해탈이라는 커다란 모순을 드러낸 것이다. 그는 그때까지의 저작 안에서 생명 의지는 인간이 부정하려 해도 부정할 수 없는 세계의 근원이라고 반복해서 강조했다.

고뇌라는 생명의 심리적 현상은 외적인 것으로 다루어지면, 물체처럼 어떻게든 처 리 가능한 것으로 변하고 만다. 쇼펜하우어는 1820년 베를린대학 강의를 시작하면서 같은 대학의 저명한 교수인 헤겔의 관념론을 비판했고, 그 후에도 지성주의적인 태도를 계속해서 우롱했다. 그럼에도 불구하고 그는 고뇌를 고뇌로만 취급하고 내적 시점에 서지는 않았다. 그렇게까지 지성 비판에 철저할 수는 없었던 것이다.

니체는 달랐다. 쇼펜하우어의 대저에 심취해 사색가의 길을 걷기 시작했음에도, 그는 이미 처녀작인 『비극의 탄생』(1872)에서 고뇌 속에서 희열의 계기를 보았다. 생명 의지 속의 힘에 의해 개체의 생활의 질서와 안정이 파괴될 때의 고뇌가 특별한 해방감과 황홀감을 일으킬 가능성을 갖고 있음을 젊은 니체는 분명하게 명시하고 있다. 그리고 도덕주의에도 함몰되지 않았다.

대체로 근대인은 개인의 질서와 안락함을 선으로 간주하며, 선을 어지럽힌 고뇌를 소멸시켜야 할 악으로 생각한다. 그러므로 고뇌가 초래한 황홀감 등은 꺼림칙하고 이질적인 것이 되었다. 이런 도덕적인 시각은 평안과 고뇌를 각각 일원적으로 다루는 지성주의에 기반을 두고 있다.

근대인의 지성주의에 함몰되지 않으면서 어떻게 생명의 심층을 말할 것인가:

니체에서 바타유로

원래 인간의 지성은 부정형의 사상(事象)에 대하여 일면적인 레테르를 붙이고 이것을 사물처럼 정형화하며, 사고의 논리적인 전개 속에 뜯어 맞추곤 한다. 근대는 무엇보다도 효율이 높은 생산을 중시하는 시대였다. 지성 또한 추상과 구상의 다양한 분야에서 유용한 것을 보다 많이 생산하기 위해 강화되었다. 때문에 대상의 일원화·사물화가 넘쳐나며 이를 무비판적으로 실행했다. 백도 되고 흑도 되는 애매함은 논리의 진행에 따라 좌절되었다.

처녀작 이래로 니체는 근대인의 성급하고 단순한 지성의 운용을 배척하고 생명의 모순에 가득 찬 약동에 대해 충실하게 언급했다. 그러면서도 1880년대에는 자주 사회적 특권자의 자발적인 지배욕을 강한 생명력의 표출인 선으로, 은폐된 원한에 가득 찬 사회적 약자의 반항적인 권력욕을 약한 생명력의 발현인 악으로 규정하는 선악관을 드러냈다.

이것은 근대 민주주의의 선악관을 역전시킨 도덕적 가치판단으로, 원리적으로는 선악의 단순한 고정화이고 근대인의 지성의 운용과 같은 차원에 기반한 것이다. 현대 사상은 이런 곤란한 과제와 맞붙어 있으며 이것이 바로 현대 사상과 근대 사상의 분기점이다.

쇼펜하우어는 생명의 깊이 있는 문제인 고뇌에 주목하고 그것을 철학의 도마 위에 올려놓았지만, 결국 대부분의 근대인과 마찬가지로 고뇌는 악으로서 부정하고 소멸시켜야 한다고 생각했으며, 또한 대저작의 말미에서는 그리스도교 도덕 풍조로 고뇌하는 자와 '고통을 공유'하기 위한 사랑이 필요하다고 말하고 있다. 니체는 이런 한계를 돌파했지만 근대적 지성이 설정한 도덕의 구조 안에서 선악을 역전시키는 것에 머물렀다.

바타유는 니체의 이와 같은 철저하지 못한 점을 바로잡으면서 근대 지성주의의 피안으로 나아가려 했다. 니체와 마찬가지로 바타유도 고뇌가 특별한 희열과 동일하다는 것을 감지하고 있었다. 그러나 고뇌는 선이며 황홀감은 도달해야 할 목표라는 식으로 말하지는 않았다. 고뇌는 매혹하며, 고뇌에 유혹된다는 어법을 취했다. 이것은 고뇌와 내적으로 커뮤니케이션이 된 경지를 표현하는 것이다. 선악의 가치판단이 생

기기 이전에 생을 실감한 표현인 것이다. 고야의 예술의 심부를 말할 때도 바타유는
이와 같은 표현에 의존한다.

바타유의 고야론

계몽의 빛이 비켜간 어둠

바타유의 고야론은 1948년 『크리티크』에 발표한 「고야」와 1949년에 같은 곳에 발표한 「고야의 작품과 계급투쟁」 이렇게 두 편이다. 모두 짧은 서평이지만, 고야 예술의 본질을 꿰뚫고 있으며 그 시야 또한 넓다.

1948년에 발표한 「고야」는 앙드레 말로의 소개글이 첨부된 『프라도 미술관이 소장한 고야 소묘』(1947)에 대한 서평이다. 앞부분에서 바타유는 이렇게 단언한다.

> 고야는 지금까지 존재했던 가장 위대한 화가 중 한 사람일 뿐만 아니라 근대 회화라고 불리는 것을 최초로 알린 사람이기도 하며, 파열하는 현대 사회의 비통함 전체를 최초로 언급한 사람이기도 하다.

바타유는 화집에 수록된 190장의 고야의 소묘는 이와 같은 비통함을 너무나 충실하게 표현하고 있다고 언급한다.

유례 없이 거칠고 난폭한 표현방식을 취한다는 점에서는 소묘뿐만 아니라 회화, 심지어는 판화까지도 다르지 않다. 이런 표현방식은—확실히 소묘 전 작품에—어떤 종류의 빈곤함을 부여하는 결점을 갖고 있다. 그런 반면 본질적인 것으로 사람을 각성시킨다는 장점을 갖고 있다. 고야가 선택한 소묘의 주제는 의미심장하다. 극히 초기의 몇 점을 제외하면, 소묘가 묘사하려는 것은 확실히 불가능한 것이었다. 즉 그것은 극도의 빈곤, 불구, 늙음과 광기, 어리석음, 학살, 끔찍한 몽상이며 이단심문소에서 고문받고 추궁당하는 삶—이런 삶은 압도적인 강박관념처럼 육박해온다—이었다. 무엇보다도 강하게 느껴지는 점은 고야의 거칠고 난폭한 표현방식이 이런 주제를 표현하는 데 적합하다는 것이다. 이런 묘사법은 **다급하다**. 움직임에서 느껴지는 애타는 심정, 불행하게 다가오는 긴장감이 주제의 불가능성에 호응하고 있다. 이런 묘사법은 단순히 다급함만을 의미하지는 않는다. 가능한 한 멀리 나아가려고 한다. 반드시 도망치고, 끊임없이 보다 먼 곳으로 나아가려고 한다. 이와 같은 묘사법은 **자유**이다. 그 이상 생각하지 않을 수 없는 자유이다. 이런 자유는 불안감을 주는 것으로, 어떻게 해도 사는 것이 불가능한 것임을 인간에게 각성시키는 그와 같은 자유이다.

이와 같은 각성은 계몽 사상이 초래한 각성과는 다르다. 18세기 후반부터 에스파냐에도 침투한 계몽 사상의 이성은 고야에게 사회적 차원의 자유의식을 부여했지만, '불가능한 것'에 대해서도 자유롭게 각성하도록 한 것은 아니었다. 산다는 것이 어

■ 〈군대가 왔다!〉
프란시스코 데 고야, 소묘, 개인 소장

렵고 심지어 불가능한 상황은 인간을 매혹한다. 이와 같은 심오한 생의 사실, 계몽 사상의 빛을 받지 못한 영역에 고야는 주목했고 이를 표현했다. 바타유의 해석을 들어보자.

> 분명 '이성'은 증오하던 교회가 구축한 질서로부터 고야를 해방시켰고, 그가 손에 넣은 토지에서 그를 쫓겨나게도 했지만, 그럼에도 '이성'은 그의 정신이 눈 뜬 세계를 지배한 것은 아니었다. 이단심문소(당시는 반체제분자의 처벌기관이었다) 감옥에 있는 사람들의 실추는 나치스 독일의 강제수용소에서의 실추와 같다고 생각되는데, 이런 실추는 그저 단순하게 사형집행인의 어리석음에 부정적 가치로서 대립하는 것이 아니다. 이런 실추는 매혹하기 때문에 존재하는 것이다. 그리고 이런 실추를 묘사한 고야의 작품은 그것 전체를 매혹하는 것이다. 이런 느낌은 그의 작품들이, 과도하게 무의미한 것의 긍정적 가치에 대해 머뭇거리지 않고 주변을 의식하지도 않으며 절규하는 듯이 묘사된 것에서 비롯된다. 확실히 이런 도가 지나친 무의미함은 끔찍하다. 그렇지만 압도한다. 다만 그것은 무엇에도 종속되지 않는다는 조건의 것이지만.

이 절은 설명을 필요로 한다. 특히 후반부가 그렇다.

지고성과 고야의 소모

바타유의 중요한 개념으로 '지고성'이 있다. 그것은 '무엇에도 종속되지 않은' 자유

■ 〈무엇인가 잔혹한〉
프란시스코 데 고야, 소묘, 프라도 미술관 소장

로운 자율적 상태, '도가 지나친 무의미함'을 가리킨다. 바타유는 여기에서 '긍정적 가치'라는 표현을 제시하는데, 엄밀히 따지면 '지고성'은 긍정적·부정적, 정·부, 선·악이란 가치의 비교나 구별을 생성시키지 않는 압도적인 힘의 상태다. 다만 이런 압도적 힘은 급작스럽게 쇠퇴하고 '지고성'은 순식간에 소멸해간다. 이와 더불어 가치의 비교와 식별이 생겨난다. 어떤 사람은 지나간 추억 속에서 외면적으로 형상화되고 있는 것만으로 '지고성'을 신격화하고 절대적인 긍정적 가치로 간주하며, 어떤 사람은 도가 지나치다는 점, 즉 규범을 일탈하고 절조를 잃고 있다는 점에 주목해서 단죄해야 할 부정적 가치로 간주한다. 이와 같은 태도들은 '지고성'의 진실과 다른 것이다. '지고성'은 체험 속에서만 존재한다.

'지고성'은 또한 심층적인 커뮤니케이션이기도 하다. 주체와 객체가 개별적인 구성을 타파하고, 내적으로 교감하는 단계인 것이다. 가혹한 사회적 현실에 의해 비참한 상황에 빠진 에스파냐 민중을 목격을 했을 때, 고야는 비통함을 느끼기도 했지만 동시에 그런 비참한 상황에 매료되어 그들과의 지고한 교감에 빠져들게 되었다. 그리고 그 '지고성'의 체험을 지적·도덕적 판단의 장막이 걷힌 상황에서 재빠르게 표현해낸 것이었다.

고전주의 미학에서 소묘는 선에 대한 신앙 속에 존재한다. 즉 유채화의 상에 명확한 윤곽을 주기 위한 전 단계 작업으로 간주되었다. 이런 상황에서 고야는 특히 1796년(50세)경 이후로 소묘를 유채화에서 분리시켜 취급했고, 독립된 화첩을 만들었으며 빠른 표현수단으로 특화시켰다. 후기 고야에게 소묘는 틀림없이 '어떤 것에도 정지하지 않고, 어떤 것도 인식하지 않는 절규'와 같은 것이었다. 그것은 정확하게 바타유가 『무신학대전』에서 보여준 짧은 문장 형식과 닮았다.

다시 《검은 그림》

고야도 견디기 힘들었던 오싹함

연작 《검은 그림》도—소묘 정도의 빠르기는 아니었지만—절규처럼 다급하게 묘사된 것이었다고 생각한다. 확실히 신화와 전설, 성서 외전에서 아이디어를 얻은 그림이 많으며, 화가의 반성과 우의적 의도가 투영된 그림도 눈에 띈다. 그렇지만 전체적인 특징은 화가의 뇌리에 떠오른 강렬한 순간적인 이미지, 역동적이고 극적이며 충동적인 이미지가 소묘처럼 붓의 조야한 터치로 묘사되고 있다는 것이다. 다양한 그림도구를 꼼꼼하게 활용하거나 색을 두껍게 바르지도 않았고, 검정색과 갈색으로 묵화처럼 빠르게 그려냈으며 때때로 강조를 위해 청색과 붉은색을 집어넣는 정도였다.

고야가 어떤 말도 하지 않았기 때문에 이 벽화의 정확한 제작연대와 제작동기는 알 수가 없다. 《검은 그림》이란 연작의 제목 자체가 고야가 직접 붙인 제목이 아니다. 유일하게 확실한 것은 1819년에 고야가 '귀머거리의 집'을 구입한 뒤 최초로 그린 것은 《검은 그림》이 아니라 완전히 취향이 다른 파노라마적인 풍경화였다는 것이다. 그것은 최근에 진행된 벽화의 X선 조사에 의해 판명된 사실이다.

그 집에서는 고야와 42년 연하인 내연의 처 레오카디아(본부인 호세퍼는 1812년에 사망), 그리고 두 사람 사이에서 태어난 딸 로사리오(1814년에 태어남) 이렇게 세 사람이 살았다. 고야와 그 가족이 세 끼 식사를 했던 방에 처음부터 오싹한 그림을 걸어둘 이유는 없었던 것으로 보인다. 백귀야행 〈성 이시드로제〉를 시작으로, 같은 정도의 장대한 그림으로 여자들이 목산양 모습을 한 악마를 보고 있는 〈악녀의 저녁 연회〉, 자신의 마을을 구하기 위해 적장과 잠자리를 한 후 자는 사람의 목을 쳐버린 구약성서 외전 속의 여성 〈유디트〉. 그녀는 지금 막 참수한 직후라 머리와 턱에 피를 뒤집어쓴 채 단도를 치켜들고 있다. 그리고 〈사투르누스〉…….

이층의 거실에는 절벽 위까지 허공을 날아올라 달아나려는 듯 필사적인 모습의 남녀를 그린 그림 〈아스모데우스〉. 그들은 지상으로부터 조준된 상태이며 방아쇠가 막 당겨질 것 같다. 그리고 상대가 죽을 때까지 곤봉으로 두들겨 패는 남자들(〈결투〉). 심지어는 자위행위에 심취해 있는 남자를 웃으면서 엿보는 여자들(〈두 명의 여자와 한 남자〉)도 있다. 이런 그림에 둘러싸여서는 편하게 쉴 수 없을 것이며, 손님 접대도 불가능할 것이다.

제작연도와 동기

이런 그림들은 언제, 어떤 동기로 그려진 것일까.

고야 일가가 그 집에 사는 것을 단념해야만 했을 때, 즉 그 집에서 나가야만 하는 사회정세가 되었을 때 그려진 듯하다. 단적으로 말하면 1823년 5월에서 8월 사이일 것이다.

1814년에 복위한 페르디난트 7세는 전제군주제를 표방하고 반동정치로 일관했다. 그러나 1820년 리에고 장군 등 자유주의자들이 반란을 일으켰고 의회제 민주주의를 골자로 하는 '카디스 헌법'을 왕에게 승인시켰다. 이후 에스파냐는 입헌군주제 국가가 되었지만 유럽 각 국가의 정세는 완전히 역으로, 즉 왕정복고 시대로 돌입하고 있었다. 열강의 군주들은 신성동맹을 맺고 1822년에 베로나 회의를 열어 프랑스 왕 루이 14세에게 에스파냐 위임통치권을 부여했다. 이것은 말하자면 에스파냐에 대한 군사 간섭으로, 페르디난트 7세에게 왕정복고를 독려하는 권리를 프랑스가 획득한 것이다.

1823년 5월, 프랑스는 대군을 파견해서 간섭전쟁을 개시했고, 8월 30일에는 에스파냐 자유주의 진영의 아성인 카디스 근교에서 대승리를 거두고 페르디난트 7세에게 확실한 왕정복고를 요구했다. 그 이후 왕은 자유주의자들에게 3년 간의 원한을 가혹하게 보복했다.

고야는 페르디난트 왕의 전제정치 시대에 궁정 화가로 있었지만 동시에 자유주의 사상을 품고 있었다. 궁정 화가라는 지위는 그를 탄압과 박해에서 지켜주었다. 그렇지만 이번에는 상황이 심각했다. 1820년 4월에 그는 마드리드의 미술 아카데미에서 열린 '카디스 헌법' 발기 행사에 참가했고 확실하게 서약을 했다. 더군다나 내연의 처인 레오카디아는 고야 이상으로 철저한 자유주의자였다. 일가는 1823년 9월에 서둘러 '귀머거리의 집'에서 나와 마드리드 시내의 친구 집에 잠복했다.

홋타 요시에의 해석

1970년대 중반에 출간된 홋타 요시에의 평전 『고야』는 소설가의 신선한 감성과 정치한 자료조사, 폭넓은 문화적 시야가 어우러진 뛰어난 책이다. 그러나 X선 조사 이전에 집필되어서 《검은 그림》의 제작연도를 '귀머거리의 집'을 구입한 이듬해부터, 즉 "1820년부터 1823년까지 꼬박 3년이 걸린" 것으로 간주하고 있다. 그에 따라서 제작 동기 역시 완전히 개인적인 것으로 보고 다음과 같이 쓰고 있다.

> 나는 지금 '개인적'이라고 쓰고 있지만 그것을 '사적'이라고 말해도 마찬가지다. 고야는 《검은 그림》을 마치 고대 이집트 묘 속의 벽화처럼, 인간에게 보이기 위한 것이 아니라 말하자면 인간에게 보이지 않기 위해서 그린 것이다.

나는 이와 같은 홋타 요시에의 해석과는 다르게 생각한다. 내 생각에 고야는 '귀머거리의 집'에서 나오기로 결심했을 때, 즉 자신이 거주할 공간이 아니라고 결정했을 때 《검은 그림》의 제작에 착수했을 것이다. 따라서 이 연작은 자신을 위한 사적인 그림이 아니다. 인간에게 보이기 위한 작품인 것이다. 그러나 이 경우의 '인간'은 엄밀한 의미에서 고야와 동시대인이 아니었다. 어지럽게 변하는 정세 후에 도래할 보다 열린 사회의 인간들이었던 것이다.

만년의 카프카가 세 편의 장편소설 원고를 스스로 태우지 않고 태워달라며 친구인 막스 브로트에게 건네주었을 때, 그의 마음속에는 작품의 공개에 대한 갈망이 잠재돼 있었을 것이다. 이와 비슷하게 고야가 '귀머거리의 집'을 손자에게 양도했을 때, 그는 《검은 그림》을 버린 것이 아니며 손자에게 준 것도 아니었다. 가까운 장래의 불

■ 〈귀머거리의 집〉

프란시스코 데 고야, 스케치

특정한 감상자들에게 공개하고 싶은 바람이 있었던 것이다.

지고한 교류를 위하여

확실히 말해두자. 고야는 '귀머거리의 집'이 작지만 과격한 전시장이 될 것을, 에스파냐 민중들이 좋아할 진정한 미술관이 될 것을 마음속 깊은 곳에서 몽상했던 것이 아니었을까?

고야가 그 집을 구입한 1819년에는 기묘하게도 프라도가 왕립미술관으로 개관했다. 전제군주 시대 페르디난트 7세의 유일한 선정이었다. 유럽에서의 미술관 탄생은 계몽 사상의 흐름 속에서 가능했다고 말할 수 있다. 계몽 사상의 본류인 프랑스에서는 대혁명 과정에서 국왕 루이 16세가 처형되었던 1793년에 루브르 미술관이 개설되었다. 그 목적은 고전주의 미학을 민중에게 침투시켜 이성을 육성하고, 뛰어난 화가들을 키워내 화단을 발전시키는 것으로 위로부터의 교육적 배려였다. 프라도 미술관의 경우도 마찬가지였다. 고야의 작품에는 고전주의에 속할 작품도 다수 있었지만 두 작품 정도만 전시되었다(현재 프라도가 소장하고 있는 고야의 작품은 유채화만 115점이다).

그렇다면 고야는 프라도와는 별도로 민중에게 공개된 전시장을 갈망했다고 생각할 수 있다. 그리고 그 전시장에는 이성을 존중하는 외래의 고전주의나 계몽주의와는 다른 에스파냐 민중의 감성에 바탕을 둔 회화, 그러면서도 국수주의적·민족주의적인 틀을 벗어난 회화를 전시해야만 했다. 교육이 아니라 지고한 교류의 장을 고야는 갈망했던 것이다.

에스파냐 민중문화와 고야

프랑스의 계몽 사상

고야의 모더니즘은 궁정 화가, 계몽 사상가, 한 사람의 에스파냐 민중이라는 서로 모순된 세 가지 사회적 차원을 동시에 경험한 폭넓은 인격 속에 내재한다. 이것을 무원칙한 것으로 단정하는 것은 단편적인 시각이며, 세계를 탐욕으로 보고 살고 묘사한 고야의 진면목을 놓치는 것이다. 아니 예술적인 생에 대한 몰이해라고 말하는 것이 좋을 듯하다.

고야가 특히 최후에 보여준 풍요로움은 계몽의 그늘에 있던 에스파냐 민중문화의 근저에까지 확장되었다는 점을 확인해두고 싶다.

우선 1792년 10월에 왕립 아카데미에 제출된, 미술교육에 관한 그의 보고서 한 대목을 읽어보자. 청력 상실로 이어진 큰 병을 앓기 직전에 작성된 글이다.

아카데미는 배타적인 곳이 아니며, 또한 자유롭게 미술을 배우고 싶어하는 사람들에게 원조 이상의 것을 해주어야만 한다. 초등학교처럼 노예적 속박과 기계적인 여러 규칙, 매월의 보상과 재정적인 원조, 그 밖에 세세한 것들은 버려야 한다. 이런 것들은 회화처럼 자유롭고 숭고한 예술을 추락시켜 연약하게 만든다. (…) 무언가 심원하며, 살펴서 알 수 없는 신비가 신성한 자연의 모방 속에 잠재돼 있다. 회화(자연의 정확한 모방 자체가 그 핵심이다)에 있어서뿐만 아니라 다른 과학에 있어서도, 자연의 모방 없이는 무엇 하나 좋은 것이 없다.

언뜻 보기에 고야의 말은 규칙을 무시하는 방만함을 뜻하는 것 같지만 그렇지는 않다. 규칙은 자연 속에 존재하며, 인간은 이런 자연의 이성적 본질을 자발적으로 따라야 한다는 것이다. 다시 말하면 인간의 본성(자연)인 이성에 따르고, 발견하고, 모방해서 예술작품을 창조해내야 한다는 것이다. 그럴 때 속박과 강제는 인간 이성의 자유로운 표출을 억누르는 불합리한 장애에 불과하다. 고야의 자유주의는 이와 같은 이성주의적인 자연관과 인간관에 입각하고 있다.

고야가 이런 사상을 지니게 된 직접적인 원천은 프랑스 계몽 사상이다. 호베야노스(1744~1811) 등의 개명파 지식인을 통해서 고야는 이것을 알게 되었다. 1792년에 작성된 이 보고서는 프랑스 혁명을 주도한 국민회의에 제출된 논문에 의거한 것이다. 논문의 작성자는 프랑스 아카데미 회원으로 고전주의 미학 이론가인 카도르메르 드 캉시(1755~1849)다(논문 제목은 『프랑스 아카데미와 공립학교의 계획, 그리고 장려제도에서 파악해야 할 소묘예술에 관한 고찰』).

프랑스 계몽 사상은 고전주의에서 탄생했다고 할 수 있다. 고전주의를 지탱한 이성 신앙은 잘 다듬어져 계몽 사상의 급진적인 비판정신이 되었고, 이런 비판정신은 고전주의의 옹호자인 왕후귀족과 교회세력의 특권체제로 향하게 되었던 것이다. 당시 융성했던 산업 부르주아지는 이런 계몽 사상의 발전을 누구보다 바랐고 추진자 역할을 했다. 그들 중산계급의 입장에서 보면 경제의 합리적 진보는 그들 본성의 자연스런 발로였으며, 특권계급에 의한 과중한 조세와 계시 신앙교육은 이성에 대한 불합리한 속박으로 비쳐졌다.

에스파냐의 비근대성

프랑스의 계몽 사상은 18세기 중반부터 에스파냐에도 유입됐지만, 그것은 계몽전제군주 카를로스 3세의 정책에 의한 것이었기 때문에 왕권과 교회에 대한 비판으로 발전하는 것은 금지되었다. 계몽 사상은 주로 과학자 · 문화인 · 예술가에 한정되었다. 대부분의 민중들은 산업경제의 발전과 무관했고, 지방색과 전통주의 입장에서 외래의 사상을 혐오하는 경향을 보였다.

1789년 계몽 사상이 프랑스 대혁명으로 발전해가자 에스파냐 민중의 토착애와 프랑스 혐오는 한층 강화되었다. 의복도 프랑스풍의 프티메트레(프랑스어로 젊은 남자에서 유래)와 프티메트라(프랑스어로 숙녀에서 유래)에서 에스파냐 민중의 독자적인 미의식으로 회귀해서 마요(에스파냐어로 씩씩한 남자)와 마하(맵시 있는 여자)가 인기를 얻게 되었다.

1807년에 시작된 나폴레옹군의 침략, 나폴레옹의 형 호세 1세의 에스파냐 지배, 이에 대항해서 1808년부터 1814년까지 일어난 에스파냐 독립전쟁. 이와 같은 일련의 혼란은 에스파냐 민중을 불행에 빠뜨렸고, 그들의 반프랑스 감정을 정점에 도달하게 했으며, 에스파냐 민중문화의 어두운 부분을 노출시켰다.

에스파냐 독립전쟁은 군사체제를 완전히 달리하는 자들 사이의 전쟁이란 점에서 깊은 의미가 있다. 즉 이성적인 통제 아래 대규모로 조직되고, 계획적으로 전략을 실행하는 나폴레옹의 고전주의적 군대와 소규모에 제휴도 없이 신출귀몰한 무수히 많은 유격대 사이의 전쟁이었다. 에스파냐어인 게릴라는 이런 소규모 유격대를 가리키는 말로 이 시기에 생겨난 것인데, 주목해야 할 것은 게릴라가 에스파냐 민중문화의 근저에서 생성된 본질적 현상이라는 점이다.

앞서 말한 것처럼 근대는 효율이 높은 대량 생산을 중시한다. 이때 필요한 것은 조직화와 계획화다. 소규모 생산단위를 대규모로 편성하고 장기적인 계획을 세워야 한다. 에스파냐 민중은 이 같은 근대 정신을 싫어했다. 에스파냐에 근대적인 산업 부르주아지가 육성되지 못한 한 가지 이유가 여기에 있다. 무정부주의라는 에스파냐 정치의 특징도 여기서 연원한다. 게릴라전의 결과로 호세 1세가 퇴위하고 페르디난트 7세가 국왕이 된 것은 부차적인 의미밖에 없다. 이 왕국에서도 정치적 분열이 생겼고, 1820년에 시작된 입헌군주제 아래에서도 상황은 마찬가지였다. 분열에 의한 정체, 이것이 20세기에 이르기까지 에스파냐의 문제였다. 얄궂게도 에스파냐가 근대화를 달성한 것은 프랑코 장군의 독재정권 아래에서였다. 프랑코는 강력한 국가주의를 표방했으며, 지방주의적인 분열을 막고 계획경제를 실시해서 1960년대에 에스파냐를 비약적으로 발전시켰다.

■ 〈잠자는 이성은 괴물을 깨운다〉
프란시스코 데 고야, 1797년경

어둠을 깨운 감성

작은 단위로의 분열을 선호한다고 해서 에스파냐 민중이 공동체를 무시한 것은 아니다. 에스파냐 민중들은 국가에서 개인까지 인간을 구분하는 인위적인 틀을 파괴하는 순간에 생성되는 지고의 교감 능력을 서양의 어떤 근대인들보다 많이 갖고 있었다. 바타유는 그것을 1920년대 초반 에스파냐 유학 시기에 투우를 시작으로 플라멩코와 칸시온 등을 체험하며 깊이 인식하게 되었다(상세한 것은 졸역서 『순연한 행복』에 수록된 '에스파냐의 문화'를 참조할 것). 고야에 대한 이해도 이런 에스파냐 민중문화의 체험에 근거한다.

1792년 말, 고야는 큰 병으로 청각을 완전히 상실한 이후에는 앞의 보고서에서 드러나는 것처럼 이성주의적 입장에 서지 않는다. 그 직후에 제작을 시작해서 1799년에 출판된 판화집 『변덕』은 그 점에서 시사하는 바가 많다. 제목에서 작가는 비고전주의적인 창작 태도를 따르고 있음을 보여준다. '변덕'은 상념이 가는 대로 자유롭게 그린다는 의미다. 그리고 이런 자유로운 창조에 의해 탄생한 판화는 이미 조금도 이성적이지 않고, 기괴한 도상으로 가득 차 있다. 유명한 43번 판화 〈잠자는 이성은 괴물을 깨운다〉에 붙인 고야의 주석―"이성으로부터 버려진 환상은 있을 수 없을 것 같은 괴물을 낳는다. 이성과 일체가 되면 환상은 미술의 근원이 되고 예술은 기적의 원천이 된다"―을 액면 그대로 받아들이면 안 된다. 고야는 이단심문소의 검열을 의식하고 말한 것이다. 그의 이성은 잠자고 있지만 이성의 그늘로 향해 깨어 있었다. 그곳이 예술의 깊은 원천인 것을 그는 알고 있었다.

괴물 같은 인물상이 무리 지어 발호하는 《검은 그림》은 이런 어두운 세계의 초상화이다. 고야는 이런 그림이 에스파냐 민중의 감성에 조응한다는 것을 확신하고 있었다. 파열되는 것을 보고 싶어하는 그들의 욕구에 들어맞는다는 것을.

일상생활이 파열되는 비극에 강한 불안을 느끼면서도 동시에 그런 비극에 매료되는 에스파냐 민중의 모순된 심성을 고야는 특히 투우에 대한 애호를 통해서, 또 잔학행위가 일어나는 전란기의 모습을 통해서 읽어내고 있다. 호전·반전, 권력·반권력의 도식으로는 다룰 수 없는 욕망의 자유로운 모순을 고야는 에스파냐 민중과 자신의 내부에서 감지하고 있었다.

고야를 권력에 저항한 자유주의자로 다룬 F. D. 크린센더의 저서 『민주주의 속의 고야』(1940)에 대한 바타유의 서평 「고야의 작품과 계급투쟁」의 한 절을 마지막으로 인용해두고 싶다.

> 고야의 생애와 작품은 모든 에스파냐 민중의 삶과 같이 어떻게 해도 해소되지 않는 수많은 모순에 가득 찬 것이다. 에스파냐란 세계에서는 모든 가능성을 언제나 모순된 길로 이끌고, 정체만을 그런 격동의 유일한 성과로 만드는 정념의 요소, 인내의 결핍이란 요소가 존재하고 있다.

이런 정념의 요소가 바로 고야의 자유이자 예술창조의 본질이며, 회화와 현대 사상을 연결시키는 다리인 것이다.

| 4 장 |

서구의 자기 해체: 고흐와 푸코

어느 고흐 전람회에서

〈론 강의 별이 빛나는 밤〉

고흐의 전람회는 매년 일본의 어딘가에서 열리고 있다. 고베에 신설된 효고 현립미술관에서도 고흐 전람회가 열렸다. 유채화와 데생을 합쳐 40점 정도가 전시된 중간 규모의 전람회였는데, 연대순으로 정리된 작품 속에는 몇 점의 걸작도 포함돼 있었다.

폐관 직전의 조용한 전시장에서 나는 그 중의 한 작품인 〈론 강의 별이 빛나는 밤〉을 보고 있었다. 아를 시가 앞을 지나는 큰 강의 강물이 남쪽을 향해 여유롭게 흐르는 야경이다. 코발트블루색 밤하늘에는 북두칠성을 시작으로 별들이 떠 있고 황금색으로 반짝반짝 빛나고 있다. 그리고 각각의 별 밑으로 점점이 가스등이 켜져 있고, 그 반사광은 대하의 수면으로 길게, 이쪽의 언덕에 다다를 듯이 길게 흔들리고 있다.

해변에는 두 척의 작은 배가 정박해 있고 그 근처를 손을 잡은 남녀가 걷고 있다.

■ 〈론 강의 별이 빛나는 밤〉

빈센트 반 고흐, 1888년, 오르세 미술관 소장

화가는 조화를 찾고 있다. 배도 인간도 쌓이고, 별과 가스등, 가스등과 반사광이 호응하고 있다. 화가 자신은 북두칠성인 큰곰자리를 상징하는 칼리스토, 즉 그리스 신화의 이 아름다운 님프와 대화를 하는 듯하다.

그러나 실제로는, 남알프스의 거리를 바라보는 이 각도에서는 북쪽 밤하늘에 빛나는 칼리스토가 보이지 않는다. 그와 동시에 현실의 고흐도 조화와는 동떨어져 고독한 몸으로 고통스러워했다. 그러나 고독 속에서 그는 무엇인가를 뽑아내려 했다. 아를에 있는 자신의 임대주택인 '황색의 집'을 예술가 공동체의 장으로 만들려 했던 것도 그 일환이었다.

그는 인간과 인간, 인간과 우주의 결합을 욕망했다. 그것도 사랑에 의한 결합을, 인간에게 안식과 위안을 주는 조화 있는 결합을 욕망했다. 그것은 고독한 인간 고흐의 생애를 관통하는 욕구였다. 그 절실한 생각을 고흐는 의식적으로 그림 속에 표현했다.

사랑과 조화의 인상해석학을 넘어서

중세 이래, 신고전주의까지 계승된 우의적 표현(도덕관념 등을 가리키는 기호로서의 도상표현)은 19세기 후반 인상파 화가들에 의해 부정되었지만 그럼에도 완전하게 소멸된 것은 아니었다. 그 후에도 우의적 표현을 답습하는 화가는 존재했다.

고흐도 그와 같은 사람 중에 하나였다고 할 수 있다. 그의 그림에는 사랑과 조화의 결합에 대한 열망을 상징하는 도상이 여러 번에 걸쳐 다양한 모습으로 나타난다. 때문에 도상해석학은 고흐에게 있어서 아직도 유효하다.

태양, 해바라기, 별, 걸쳐 있는 도개교(《랑그루아 다리》), 침대에 나란히 놓인 두 개의 베개(《아를의 침실》), 뱃머리에 씌어 있는 '우애'라는 배 이름(《해변의 작은 배》) 등 다양하게 존재하는 도상으로부터 고흐 특유의 생각을 읽어내고, 그것을 배경으로 일신교 전통과 그리스도교의 인간애, 근대 서구의 휴머니즘을 탐색하는 것이 가능하며 반드시 필요한 작업이기도 하다.

그렇지만 그림의 매력이란 문제를 생각하면 이와 같은 방식만으로는 해명이 불가능하다. 개체를 편안한 결합으로 이끄는 비통하기까지 한 욕구. 고흐 그림의 매력은 이것만이 아니며, 또한 깊숙이 잠재된 문화적·역사적 배경을 안다고 해서 갑작스럽게 그의 회화에서 깊은 감동을 느끼게 되는 것도 아니다. 일본의 경우, 고흐 자신의 개인적 의도와 서구의 문화적·역사적 의의를 이해하는 사람이 많기 때문에 계속해서 고흐전이 열리는 것은 아닌 듯하다.

고흐의 매력

죽음에 대한 생각

고흐 그림의 매력은 개체의 편안함과 조화 있는 결합을 불가능하게 하는 힘, 일신교나 인간애, 휴머니즘 같은 이념을 파괴해버리는 힘에서 발생한다. 보다 정확하게 말하면, 결합을 갈구하는 집요한 의지와 그 의지에 내재하여 나란히 달리다 결국에는 그 의지를 좌절시키고 마는 힘과의 싸움 사이에서 발생한다.

물론 고흐는 이 불길한 힘을 자각하고 있었다. 자연계 속에서 그리고 무엇보다도 자기 자신의 근저에서 이 힘을 감지하고 있었다. 그러나 어느 사이엔가 이 힘에 압도되어 밀려가다, 그 발현을 사후에 고통스럽게 바라보는 것의 연속이었다.

그러나 그것만은 아니었다. 때로는 죽음에 대한 고요한 생각 속에서 이 힘의 충동을 받기도 했다. 〈론 강의 별이 빛나는 밤〉을 제작하기 2개월 전에 아를에서 동생 테오에게 보낸 아름다운 편지 한 대목을 소개하겠다.

다른 이들은 어떻게 생각할지 모르지만, 화가들은 죽어서 매장되더라도 다음 세대에, 혹은 그 후의 몇 세대에게 작품을 통해 말을 건다.

그러나 그것이 과연 전부일까? 그 밖에 무엇인가가 있지 않을까? 화가의 생애에서 죽음은 틀림없이 가장 큰 곤란이 아닐까?

나는, 어쨌든 그것에 대해서는 아무것도 알지 못하면서 말을 하고 있다. 그러나 별을 바라보면, 언제나 나는 지도 위에 마을과 도시를 표시하는 검은 점을 그려 넣으며 몽상할 때와 **같이 간단하게, 몽상에 빠져들게 된다.** 밤하늘에 빛나는 점이 어째서 프랑스 지도에 표시된 검은 점(현실의 구체적인 장소)보다도 가고 싶은 것일까.

타라스콘(알르 위쪽에 위치한 론 강 상류의 마을)과 루앙(파리 아래쪽에 위치한 센 강 하류의 마을)에 가기 위해 기차에 타야 한다면, 별에 가기 위해서는 죽음에 승차해야 되겠지.

이런 생각이 확실히 옳다는 것은, 우리들이 죽으면 기차에 타는 것이 불가능한 것처럼 살아 있는 동안에는 별에 가는 것이 불가능하다는 데서 확인할 수 있다.

결국 콜레라와 신장결석, 폐결핵과 암은 증기선과 승합마차와 철도가 지상의 교통수단인 것과 마찬가지로, 천상에 도달하는 교통기관이라고 생각해야 한다는 것이다.

노쇠해서 조용히 죽음을 맞는 것은 걸어서 천상에 가는 것이겠지.(1888년 7월경, 고흐의 편지, 506번)

이 글의 근저에서 전달되는 것은 죽음에 이끌리는 고흐의 심적 상태이다. 그 스스로가 죽음의 열차에 올라, 밤하늘로 가고 싶어하는 듯 보인다. 그렇지만 그는 밤하늘의 별에서 죽음이 아니라 생명을 느끼고 있었다. 마을과 도시에서 그가 느끼던 인간의 온기를 별에서도 감지하고 있는 것이다.

이것은 특히 화가의 온기, 화가의 생명감이다. 화가는 작품으로 생을 영위할 뿐만 아니라 천상에 올라 별이 되어 계속해서 밤을 빛내는 것이 아닐까? 별자리는 천상에 있는 화가들의 공동체가 아닐까? 〈론 강의 별이 빛나는 밤〉에 묘사된 북두칠성은 큰곰자리 칼리스토인 동시에 화가들의 생명이 아닐까?

고흐와 종교

고흐의 경우, 별에 대한 생각은 종교에 대한 욕구와 중첩돼 있다.

> 나는, 종교—굳이 이 단어를 사용한다면—에 대해 강한 욕구를 갖고 있다. 그렇기 때문에 별을 그리기 위해, 밤에 문 밖으로 나간다. 그리고 그런 별 그림을 동료들의 생생한 군상과 버무려 몽상한다.(1888년 9월, 고흐의 편지, 543번)

고흐가 종교란 말에서 우선적으로 염두에 둔 것은 말할 것도 없이 그리스도교다. 목사 집안에서 태어나 교육을 받았고, 청년기에는 신학을 공부하는 데 전념했으며 전도 활동에도 참가한 적이 있는 고흐에게 그리스도교는 뼛속까지 스며들었다. 천상의 별자리에 화가들의 공동체를 꿈꾸는 고흐의 '종교'적인 사유는, 천상은 신의 나라이며 선한 사람들은 영생한다고 설정한 그리스도교 교리의 일종의 변주라 해도 좋다.

■ 〈별이 빛나는 밤〉

빈센트 반 고흐, 1889년, 뉴욕 근대미술관 소장

1882년, 고흐는 설교사의 딸로 7살 연상의 과부였던 사촌누이 케와의 사랑이 깨진 후에, 천상의 신에게 "신이시여, 신이시여, 왜 저를 버리시나요"라고 물었던 십자가 위의 예수처럼 "아아, 신이시여, 신은 안 계십니다"(고흐의 편지, 193번)라고 탄식하며 표면적으로는 그리스도교 신앙에서 이탈했다. 그러나 그 후에도 그는 무엇인가를 절대화했으며, 믿고 사랑하라는 그리스도교적인 정신을 버리지 않았다. 그의 좌우명은 빅토르 위고(1802~1885)의 말 "종교는 다양하게 변해가나 신은 변하지 않는다"(고흐의 편지, 411번)였다.

종교를 버린 후에 고흐가 신격화한 존재는 다양했다. 당시에 진보적 지식인들 사이에서 확산되던 사회주의적 인간애(이것도 그리스도교 도덕의 근대적인 변주다)의 영향을 받아, 창녀·빈농 등의 사회적 약자들한테도 관심이 있었다. 아카데미즘으로부터 무시당하고 부르주아 사회에서 냉대받던 거리의 화가들, 특히 인상파와 신인상파 화가들도 이런 범주에 속한다. 다른 한편 낭만주의적 자연숭배(신의 대체물로서의 자연이란 점에서 이것 또한 그리스도교의 변주다)의 영향을 받은 것으로서는 태양, 해바라기, 별 등을 들 수 있다.

신에 대한 격한 사랑이 신을 파괴하고, 자신을 파괴하다

그러나 고흐의 경우에 두드러진 것은 당시의 진보적 지식인, 낭만주의자, 그리고 통상의 많은 그리스도교도에게서 증가했던 신격화된 대상에 대한 생각의 이입이 훨씬 더 격렬했다는 점이다. 무엇보다도 그리스도교는 생각의 이입에 의해 성립되는 종교다. 그리스도교 신은 인간중심주의의 산물에 불과하다. 포이어바흐(1804~1872)를 참조해보자.

신학에서 **인간이 신의 진리, 실재성**인 것은 신을 신으로서 실현하며, 신을 하나의 **현실적인 존재**로 만드는 모든 술어—즉 힘, 지혜, 자비, 사랑, 게다가 유한한 것과의 **구별**을 조건으로 가진 무한성과 신의 아들 같은 인격성조차도—가 인간 **속에서** 그리고 인간과 **더불어** 처음으로 정위되기 때문이다.(『철학개혁을 위한 잠정적 명제』)

나에 대한 신의 사랑은 나의 자기애가 신격화된 것 외에 다름 아니다.(『그리스도교의 본질』)

고흐의 경우, 신격화된 대상에 자신의 생각을 너무나 격렬하게 투영했기 때문에 신과 자신의 관계가 파괴돼버렸다.

지나치게 자기 중심적으로 자신의 신을 사랑한 결과 그 신이 **자신의 신**이 아니게 된 것이다. 즉 소원해졌거나 해체되고 만 것이다. 사랑에 의한 신과의 결합이 실패하자, 그는 혹독한 상처를 입고 보다 깊은 고독의 나락으로 떨어졌다. 그리스도교에서는 신을 매개로 한 인간의 자기애가 실현되는 데 반해서, 고흐의 경우는 자기애가 달성되지 못했고, 패배했으며, 자책에 시달리며 분열돼갔다.

바로 그곳에 고흐 그림의 매력의 원천이 존재한다. 자기 해체의 비통함이 매력이라고 말하는 것이 아니다. 자기 해체에 의해 자기가 아닌 것이 빛을 발하게 되었다는 것이다. 언뜻 보면 〈론 강의 별이 빛나는 밤〉은 고흐의 생각이 충만한 작품이다.

자신의 사랑에 대한 이념이 투영된 소우주란 인상을 구현했다.

그렇지만 실제 영역에서는—신에 대한 그의 애정이 너무나 열렬했기 때문에—별이 통상적인 형태를 일탈해서 거대하고 세공이 불가능한 광원이 되었고, 가스등은 스파크를 일으킨 것처럼 격하게 빛나며, 그 반사광은 수면에 이상할 정도로 길게 늘어져 있다. 코발트블루의 밝은 밤 분위기는 별자리의 확산을 억제하지 못하고, 군청색 밤하늘에 스며들고 있다. 우의적 표현은 죽음과 연결되며, 화가는 목표도 없이 죽음의 밤기차에 탄 것 같다.

아니 화가만이 아니다. 서구의 자기 해체인 것이다. 자기애로부터, 대상을 자신의 상황에 맞게 물화시키고 자신의 연명과 발전에 봉사하게 만드는, 그런 근대 서구의 근본 정신이 고흐의 그림에서는 해체되고 있다.

하이데거의 고흐론

예술작품은 존재가 현현하는 장

현대 예술의 추진자들은 근대 서구의 이런 근본 정신을 비판하고 상대화했다. 하이데거(1889~1976)도 그런 인물이다. 고흐와의 관계에 대해서는 1935~1936년의 여러 강연을 기초로 출판된 『오솔길』(1950)에 수록된 논문 「예술작품의 근원」이 중요하다.

우선, 예술의 이해에 대한 하이데거의 기본적 입장을 확인해보면, 그는 근대 서구에서 현저하게 드러났던 인간중심주의적인 대상에 대한 태도를 근대 미학의 체험주의 속에서도 발견했으며, 이것을 비판했다.

미학은 예술작품을 일종의 대상으로 간주한다. 아이스테시스(aisthesis), 즉 넓은 의미의 감성적 수용 대상이라고 본 것이다. 오늘날, 사람들은 이와 같은 수용을 체험이라고 부른다. 인간이 예술을 체험하는 방식이, 예술의 본질에 대해 설명하는 것이 돼버렸다. 체험은 예술의 감상일 뿐만 아니라 창작의 원천이다. 모든 것이 체험이다. 그럼에도 불구하고 어쩌면 체험은 예술이 그곳에서 죽어버리고 마는 경계 영역인 듯하다.(「예술작품의 근원」)

예술의 본질은 인간이 아니라 진리의 자기 운동이다. 존재하는 것이 그 존재를 열어 보이는 운동이다. 하이데거의 말에 따르면 서구, 특히 근대는 인간 존재로부터 자연물에 이르기까지 개개의 존재물만의 특징을 빼앗고 그 존재를 망각한 시대이다.

이런 존재의 망각은 예술 이해의 영역까지 이어지고 있다. 그러므로 예술작품이 존재가 현현하는 장인 것을 근대인에게 상기시키는 것이 하이데거 예술론의 모티프다. 「예술작품의 근원」에서 하이데거는 고흐의 〈구두〉를 끌어들여 그것을 설명하고 있다.

유용성의 근원으로

이 논문에서 하이데거는 존재하는 것, 존재자를 특히 물(物)로 규정하고, 물을 세 가지 카테고리로 분류하고 있다. '단순한 물(화강암)', '도구(망치·구두·도끼·시계)', '작품'이 그것인데, 고흐의 그림은 구두라는 도구의 구체적인 예를 보이기 위해 선택되었다. 그렇지만 하이데거가 이 그림을 통해 도구로서 구두의 유용성, 즉 용도를 말한 것은 하나도 없다는 점을 강조해둔다.

반 고흐의 회화에서는 이 구두가 어디에 있는 것인지를 확인하는 것이 불가능하다. 이 한 켤레의 농부화 주위에는 이것이 귀속될 듯한 곳도, 이것이 놓여야

■ 〈구두〉

빈센트 반 고흐, 1886년, 암스테르담 고흐 미술관 소장

할 곳도, 무엇도 없다. 단지 막연한 공간만 있을 뿐이다. 경작지나 들길의 흙덩이마저 이 구두에는 붙어 있지 않다. 마치 이 구두의 용도로 주의를 환기시키려는 것처럼. 한 켤레의 농부화, 그 외에는 아무것도 아니다. 그렇다 하더라도, 그럼에도 불구하고.

많은 근대인은 '도구'의 존재를 쓸모가 있는가 하는 유용성의 측면에서 생각한다. 그러나 하이데거에 의하면 유용성은 '도구'란 존재의 표층에 불과하다. 고흐의 그림에서는 구두의 유용성이 탈각된 상태로 묘사돼 있기 때문에, 구두의 깊은 존재감이 개시되고 있다. 다음 단락은 꽤 비약도 된 듯하고(농부화가 어느 순간에 농부의 세계에 속해 있다), 고양된 문장이지만 진리의 자기 운동을, 존재의 목소리를 하이데거가 듣고 있는 듯한 모습이다.

"구두라는 도구의 무게 속에는 거친 바람이 부는 평탄한 밭고랑을 천천히 걷는 강인함이 스며 있고, 구두가죽 위에는 대지의 습기와 풍요로움이 깃들어 있다. 구두창 아래로는 해 저물 녘 들길의 고독이 깃들어 있으며, 이 구두라는 도구 가운데서 대지의 소리 없는 부름이, 대지의 조용한 선물인 다 익은 곡식의 부름이, 겨울 들판의 황량한 휴한지 가운데서 일렁이는 해명할 수 없는 대지의 거절이 동요하고 있다. 구두라는 도구에 스며든 것은 빵을 얻기 위한 불평 없는 근심과 다시 고난을 극복한 뒤의 말없는 기쁨과 임박한 아기의 출산에 대한 불안과 죽음의 위협 앞에서의 전율이다. 이 도구는 대지로 귀속되며 농부의 세계 안쪽에서 지켜진다. 이와 같이 보호되는 귀속으로부터 이 도구 자체가 생겨나고 그 자체의 내부에서 편안한 것이 된다."

구두란 '도구'는 대지에 귀속되고, 농부의 기쁨과 죽음을 기억하며, 그 생활 세계를 지킨다. 귀속되는 것보다 이런 지키는 것에 의해 '도구'로서의 깊이 있는 존재감, 즉 '신뢰성'이 생긴다고 하이데거는 말한다. 그리고 안정되기 때문에 '도구'는 유용하다고 말하고 있다.

확실히 도구의 존재 이유는 유용성에 있다. 그러나 유용성 그 자체는 도구의 본질적인 존재의 충실함 속에서 편안해진다. 우리는 도구의 이런 본질적인 존재를 신뢰성이라 명명한다. 이 신뢰성의 힘에 의해 농부는 대지의 과묵한 속삭임 속으로 들어가기도 하고, 자신의 세계를 확신하기도 한다. (…) 도구의 유용성은 신뢰성의 본질이 귀결되는 것에 불과하다.

불철저한 근대성 비판

미술사가에 의한 실증주의적인 하이데거 비판

하이데거의 이런 해석에 대해 미술사가들은 다른 견해들을 내놓았다. 1968년에 발표된 미국 컬럼비아대학의 메이어 사피로의 논문 「사물(私物)로서의 정물: 하이데거와 반 고흐에 대한 노트」도 그 중 하나다.

　사피로는 하이데거에게 편지로 문의해서 하이데거가 문제의 고흐 그림을 1930년 3월 암스테르담의 전람회에서 본 것을 확인했으며, 그것이 1886년 파리 시대(1886년 3월~1888년 2월)의 고흐의 작품이며 게다가 고흐 자신의 구두를 그린 것임을 입증해 냈다(여기서 사피로의 증명을 뒷받침하는 의미에서, 파리 시대 고르몽 학원의 동료였던 프랑수아 고지의 다음과 같은 증언을 첨부한다. "그(고흐)는 벼룩시장에서 땅딸막한 구두—행상인이 신었던 것 같은—를 샀다. 찢어지지도 않았고 광택도 났다. 흔히 볼 수 있는 구두였다. 비가 내린 오후에 그는 그 구두를 신고 구시가를 걷곤 했다. 진창에 빠져 구두는 재미있는 모양이 되었다. 공부란 것은 특별한 그림만을 그리는 것이 아니었다. 낡은 구두와 장미꽃—어느 것이나 그림의 모티프가 되었다. 빈센트는 공들여서 그 구두를 그렸다.")

고흐의 그림 속 구두를 농부나 농촌 부인네의 구두로 보고 이를 근거로 농민의 생활을 지켜주는 값싼 도구의 존재, 즉 신뢰성으로 이해했던 하이데거의 입론은 완전히 붕괴되었다. 근대 미학의 독선적인 체험주의를 비판한 하이데거가 그와 같은 체험주의에 빠지게 된 것이다.

때문에 사피로에게는 앞에서 인용한 하이데거의 비약과 고조된 문장이 감정적 상태의 공상적 묘사에 불과하다. 철학자에 의한 관념의 자의적인 투영이란 것이다. 그리고 고흐의 그림 속 구두는 고흐의 개인적인 소유물이기 때문에 이 그림의 진리는 고흐 자신에게 되돌려 보내야 한다고 사피로는 결론짓고 있다.

데리다의 대응

이런 사피로의 비판에 대해서 15년 후에 데리다(1930~2004)는 한편의 글을 썼다. 『회화에 있어서 진리』(1978)에 수록된 「회화: 구두에 있어서 진리의 되돌려짐」이 바로 그것이다.

데리다는 만약 사피로의 입증이 타당하다 해도, 회화의 진리를 화가 자신에게 돌리는 것에는 동의하지 않는다고 말한다. 물론 하이데거에게 다시 되돌리려고도 하지 않았다. 이런 저런 진리는 특정한 존재자에게 귀속되는 것이 아니기 때문에 되돌려지는 것 자체가 불가능하다고 보았다. 데리다는 결정적인 언급을 회피하면서, 즉 진리로 규정하는 것을 회피하면서 이것을 교묘하게 드러내고 있다.

그렇지만 만약 데리다에게 기존의 진리문제를 탈구축하려는 의도가 있다 하더라도, 나는 진리의 행방이나 혹은 옳고 그름과 같은 외적인 시점보다는 회화의 매력이라는 회화에 내재한 시점에 관심이 있다. 정확히 말하면, 나는 이런 시점에서 회화의 매력에 우선 이끌리고, 이 과정을 통해 논의가 성립하는 동시에 근대성 비판이란 현대 사상의 주요 모티프를 생각할 때야말로, 매력이란 시점이 근원적인 것을 조명할 수 있는 가능성을 제시한다고 생각한다.

하이데거는 하이데거적인 〈구두〉에 강하게 매료됐던 것이다. 고흐 자신의 구두인 것이 사실이라 판명되었어도, 나는 하이데거의 논문에 흥미를 갖고 있다. 왜냐하면 하이데거는 감정적이기 때문이다. 회화의 힘은 여기서 느낄 수가 있다. 그때까지 냉정하게 물(物)의 유형화에 몰두했던 철학자가 앞의 인용문에서처럼 기분을 고양시키고 말을 비약시키기에 이르렀다. 고흐의 그림이 하이데거를 혼란으로 유도했다기보다는, 오히려 하이데거의 자기 방어를 해체시키고, 그 내면을 단숨에 토로하도록 만들었다는 편이 적절할 것이다. 문제는 바로 이 내면이다.

유용성의 온상에 멈춘 하이데거

하이데거는 1930년에 이어서 1933년 초가을에 베를린대학으로부터 두번째 교수 초빙을 받았으나 다시 거절했다. 그는 당시에 프라이부르크대학 총장직에 있었으나 (1933년부터), 거절한 이유는—그 자신에 의하면—이런 상황 때문은 아니었다. 같은 해 가을, 베를린 라디오 방송에서 한 강의 '창조적 풍경: 왜 우리들은 시골에 머무는가'에서 말했던 다음과 같은 언급이 상황을 단적으로 전달해준다. "나의 모든 작업이 산과 이곳에서 사는 민초들의 세계에 의해 지탱되고 이끌려졌다." "내 자신의 작업은 '검은 숲'과 그곳에 사는 사람들에게 내적으로 소속되어 있다."

하이데거는 스위스 바덴 주 메스키르히의 교회당 관리인의 아들로 농민 출신이 아니었다. 1922년 그는 남서독일의 '검은 숲' 속의 산촌인 토트나우베르크(프라이부르크에서 남쪽으로 20킬로미터 정도 떨어진 곳)에 산장을 짓고 매번 휴가를 그곳에서 보내다시피 했으나, 이것도 농민의 세계에 근거를 두기 위해서가 아니라 같은 지역에 사는 프라이부르크대학의 은사 후설과 친밀한 관계를 구축하기 위해서였다(실제로 그의 주저인 『존재와 시간』(1927)의 헌사에는 토트나우베르크에서 은사의 생일(4월 8일)에 은사에게 바친다고 씌어 있다).

그렇지만 산촌에서 생활을 하면서 하이데거는 농업·임업·목축업에 종사하는 같은 지역의 사람들과 두터운 친교를 맺었다. 그 관계는 그리스의 디오니소스제와 이것에 연원을 둔 농업제의 경우처럼 넘치는 정념의 교류가 아니라 존경과 자비에 기초한 조용하고 일상적인 교류였다. 철학연구 막간에, 야외 벤치에서 그들과 동석하는 경우가 있었으며 그럴 때마다 서로 묵묵히 파이프 담배를 피우곤 했는데, 간신히 주고받던 화제는 벌채와 소의 출산, 담비의 닭장 침입 같은 하찮은 이야기 정도였다.

그렇지만 하이데거는 이런 속에서 신뢰성을 느꼈다. 대지에 뿌리를 내리고 생활세계를 지키는 존재자들의 깊은 존재 양태를 실감했던 것이다. 그리고 그 자신도 휴가 때면 산장의 주인으로 토트나우베르크에 살면서 그들의 세계에 내재하고 있다고 확신했다. 고흐가 꿈에서 본 불길한 힘, 즉 한번도 실감할 수 없었던 온화함과의 결합을 하이데거는 맛보았던 것이다.

그러나 신뢰성을 존재자의 근원적인 존재 양태로 간주하는 입장은 위험을 동반한다. 근대성 비판으로서는 철저하지 못하다는 지적을 면하기 어렵다. 하이데거는 근대 서구가 개체·존재자·물이 전횡한 시대라는 근대 서구에 대한 비판의식을 다른 현대 사상의 주역들과 공유했는데, 신뢰성이란 존재 양태에는 개체·존재자·물을 해체하는 계기가 희박하기 때문이다. 토트나우베르크의 존재자들은 개인의 틀을 해체시키는 것이 아니라 안심하면서 각자의 생활을 영위했다. 자신을 파괴하는 것도 아니고, 타자를 파괴하는 것도 아니며, 단지 철학자는 철학자의 작업을 목수는 목재의 벌채에 전념할 뿐인 것이다.

물은 파괴되지 않는 한 무엇인가 유익하게 사용될 가능성을 갖는다. 하이데거는 물의 존재 양태를 유용성으로 일원화시켜 다루는 근대인에게 비판의 칼날을 세웠다. 그러나 신뢰성이란 존재 양태에 있어서 물이 온존하는 이상, 그 존재 양태는 물의 유용성에 호소하는 근대인의 의식을 완전하게 불식시키는 것이 불가능하다. 유용성은 신뢰성의 본질 귀결에 불과하다고 하이데거는 단언했다. 달리 표현하면 신뢰성은 유용성의 온상이란 것이다.

하이데거의 나치스 입당

1933년은 독일 정치에 큰 변화가 있었던 해다. 같은 해 1월 나치스당이 총선거에서 제1당이 되었고, 히틀러가 수상으로 정권을 잡았다. 그들은 타민족과 타국을 자신의 기준에 맞게 재단하기 위해서 민족과 자국이란 '물'을 발전시켰다. 이런 나치스의 근본 사상은 식민지주의 시대로부터 서구의 존재방식의 첨예한 귀결점에 불과하다. 파시즘의 근저에 존재하는 것은 근대 서구의 자기 본위적인 '물의 사상'인 것이다.

하이데거는 1933년 나치스당에 입당했는데, 이런 행동과 앞서 언급한 같은 해 가을의 라디오 강연 '창조적 풍경: 왜 우리들은 시골에 머무는가'는 사상적으로 통하고 있다. 『하이데거와 나치즘』(1987)의 저자 파리아스(1940~)처럼 새로운 국가주의의 문화기반으로서 하이데거가 '고향(검은 숲)'에 주목했던 것이라고는 말하고 싶지 않다. 보다 근원적인 지점의 문제가 언급돼 있다고 생각한다. 즉 '물'에 대한 불철저한 비판의식, 물의 해체로까지 도달하지 못한 불철저한 비판의식 자체가 하이데거에게 나치스 입당과 '고향'에 대한 집착을 발생시켰고, 양자를 결합시켰다고 생각한다.

야스퍼스의 해석

정신의학으로부터 광기의 실재적인 이해로

고흐의 〈구두〉는 하이데거를 무방비로 상태로 만들어 그의 내면을 드러내게 했으나 '물'에 대한 그의 의식을 깨뜨리는 데까지 나아가지는 못했다. 그 그림에는 그와 같은 파괴력이 없었다.

실제로 파리 시대 고흐 그림의 상당수는 수업 중이었던 그의 상태를 반영하는 듯 어딘가 신중하고 위축된 느낌을 준다. 고흐가 결합에 대한 꿈과 그것을 파괴시키는 힘과의 갈등에 의해 보다 강렬하게 묘사하게 된 것은 홀로 남프랑스로 내려간 이후부터였다. 아를 시대(1888년 2월~1889년 5월), 귀를 자른 사건으로 정신병원에서 살게 된 생레미 시대(1889년 5월~1890년 5월), 그리고 가셰 박사의 치료를 받으면서 권총자살로 최후를 마친 오베르 쉬르 우아즈 시대(1890년 5월~7월)의 그림은 색채에 있어서도 도상의 형태에 있어서도 격렬함이 증폭되고 있다.

이와 같은 회화의 변화에 대해서, 그 원인을 단지 화가의 광기로 귀결시키는 논의

■ 〈오베르 교회〉

빈센트 반 고흐, 1890년, 파리 오베르 미술관 소장는 천박하다. 확실히 고흐를 생각할 때 광기는 피할 수 있는 문제가 아니다. 그러나 광기를 외재화시켜 객체로 본다면, 인간도 자연도 무비판적으로 물화시키는 근대 서구의 물화 문제로 함몰된다. 현대 사상은 광기를 인간 내부의 문제로, 즉 정도의 차이는 있지만 인간 내부에서 볼 수 있는 본질적인 심적 현상으로 다룬다.

이런 현대 사상의 문을 열었다는 의미에서 야스퍼스(1883~1969)의 『스트린드베리와 반 고흐』(초판 1926, 개정판 1949)는 중요하며 특히 최종 절인 '분열병과 현대의 문화'에 주목해야 한다.

야스퍼스는 젊은 시절 정신의학을 배웠고 임상조수로도 근무했지만, 결국 심리학과 실존철학의 탐구에 빠져든 사상가였다. 야스퍼스에게 고흐의 그림은 실존으로의 심화를 추진시키는 동기였다. 그는 광기를 객체화하는 근대를, 정신의학이란 근대를 해체시키려 했다. 그리고 그런 역할을 담당하도록 이끈 것은 틀림없이 '매혹하는' 힘이었다.

나는 스트린드베리(1844~1912, 스웨덴의 작가)에 대해 무관심했으며, 약간의 정신병리학적·심리학적 관심만 가졌다는 것을 고백한다. 반 고흐는 그러나 나를 매료시켰다. (…) 고흐에 대한 것이 나에게 충분히 체득된 정도는 아니었을지라도, 개개의 분열증 환자를 접하면서 내 마음에 생겨난 것, 그리고 내가 앞서 말한 모든 시도가 한층 명확해졌다. 그것은 마치 실존의 궁극적 원천이 잠깐 사이에 가시적이 된 것에 필적하는 것이며, 모든 현존재의 은폐된 근원이 여기서 직접적으로 움직이는 것이다.

또한 야스퍼스는 고흐 체험으로부터 '정상인'에 의한 동시대의 문화를 상대화했다.

1912년 쾰른의 전람회에 간 나는 고흐의 뛰어난 작품 주위에서 전 유럽에서 모인 천편일률적인 표현주의 예술을 보고 몇 번인가 다음과 같은 감정을 느꼈다. 즉 광인처럼 보이지만 그럼에도 너무나 건강한 많은 예술가들 사이에서, 반 고흐야말로 고매하고 유일한, 그리고 스스로의 의지에 반하는 '광인'인 것이 아닐까 하는 감동. 우리들은 지적인 문화매체에 둘러싸여, 좀처럼 끝나지 않을 명확성을 향한 의지와 성실함에 대한 의무와 이것에 적합한 현실주의적인 매체 속에서 의심하지 않고 있다. 그렇다면 우리들은 그런 상황을 해체하는 연원의 순정함과 신적 의식을 그와 같은 정신병자를 통해서만 느끼는 것 외에는 뾰족한 방법이 없지 않을까.

야스퍼스는 고도의 지적인 문화, 그리고 그것에 대한 거부로서 생겨난 광적인 치장인 표현주의 문화의 가치를 상대화하면서 고흐를 높이 평가했다. 해체하는 연원의 순정함이 고흐에게 있기 때문이었다.

신학으로의 후퇴

그렇지만 주의해야만 한다. 야스퍼스는 고흐가 보여준 광기의 진정성을 그리스도교 신학의 틀 속에서 다루려고 했다. '분열병적인 것'은 '진정한 것의 조건'이라고 파악하면서 특히 이 '진정한 것'을 '절대적인 것'으로 간주해버렸다. 고흐 체험은 그에게 은총에 가득 찬 신의 체험이었다.

정신분열자는 우리에게 은총을 주는 사람들이다. 우리는 그들의 실존으로부터의 호소를 듣고 그 문제제기를 경험할 때, 그리고 (…) 그들의 작품을 통해, 우리는 영원에 대해 각성하게 된다. 그저 유한한 형태나 가시적인 것에서 절대적인 것으로 시선을 향할 때, 그것은 우리에게 은혜가 될 것이다.

현대 사상의 신학에 대한 이해는 포이어바흐의 앞선 통찰이 개척한 지평 속에 존재한다. 진정한 광적인 표현을 은폐된 절대신의 표징으로 간주한다면, 이런 해석은 은폐된 인간의 자기 투영을—그림자로 행동하는 인간의 절대화와 자기 신화를 폭로함에도 불구하고—그 상태로 불문에 붙이는 것이다.

야스퍼스는 해체하는 실존에 대해 깊은 감성을 가졌다는 점에서 하이데거보다 현대적이었지만, 신학에 대한 집착을 버리지 않았다는 점에서 하이데거보다도 불철저한 인간에 대한 반성에 머물고 말았다고 할 수 있다.

아르토의 절규

사회를 사로잡아 뒤집고 변용시킨다

앙토냉 아르토(1896~1948)의 『나는 고흐의 자연을 다시 본다: 사회가 자살시킨 사람 반 고흐』(1947)에 이르면 근대 사회·정신병리학·정신과 의사는 상대화를 넘어서 최저의 가치로 폄하되는 반면 고흐는 최고의 인간적인 가치를 부여받는다.

고흐는 정신적으로 지극히 건전할 뿐만 아니라 명석한 인간이며 천사도 처녀도 미치지 못할 정도로 순결하다. 이에 반해 사회는 더할 나위 없이 불결하고 난잡하며 무질서와 무기력에 착란과 광기로 가득 차 있다. 이런 사회가 정신과 의사 가셰와 동생 테오를 통해 고흐의 의식에 유입되었고 그의 자살을 유도한 것이다.

나는 이와 같이 단순하고 일방적인 가치관의 전환에는 흥미가 없다. 선악의 가치 설정이라는 구조 자체가 구태의연하기 때문이다. 선에 고정시킨 신앙의 형태에서는 변화를 찾아볼 수 없다고 표현해도 좋다.

그러나 다른 한편, 앞에서 언급한 근대 사회에 대한 아르토의 강렬한 저주의 언어에서 푸코(1928~1984)의 『광기의 역사』(1961)와 연결되는 내용을 찾아볼 수 있다. 즉 정신병을 인정하는 것은 근대 사회의 자기 방어책에 불과하다는 관점이다. 정신병은 인간을 측량하는 영원불변한 척도가 아니며, 의학·의사·의료기관 등은 광인이 생겨나는 진실로부터 근대 사회를 방어하거나 연명시키는 수단에 불과하다는 것이다.

아르토의 저주는 자기 자신이 어린 시절부터 정신과 의사에게 지속적으로 진료를 받았던 경험과 1937년에 광폭한 언동으로 강제수감되어 이후 9년 간 프랑스 각지의 정신병동을 떠돌아야 했던 굴욕적인 상황에서 기인한다.

그렇지만 그는 단순히 원한을 토로한 것은 아니었다. 그의 저주는 자기 보존을 위해 이성을 활용하는 은폐된 집합의식이 광인을 배제시키는 사회를, 보다 근원적으로 사회를 사로잡아 뒤집고 변용시키려는 능동적인 의미를 갖고 있다. 그것은 사용하는 언어라기보다는 내뱉는 언어이며 문필 활동이라기보다는 연극에서 강렬하게 사용되는 언어라고 할 수 있다. 육체를 불합리한 정념의 표출체로 만들어 관객을 위협하고 이어서 홀리게 만든다. 배우로서 그는 이런 사회를 사로잡으려 하는데 이런 그의 연극관은 비서구 문명권의 연극과 마술의 체험(1931년 파리에서 발리 섬 연극 공연을 보고 충격을 받았고, 1936년에는 멕시코로 건너가 인디오 마술을 접한다)을 통해 '잔혹연극'의 실천과 이념으로 심화된다. 퇴원 후인 1947년 1월, 파리의 극장에서 초만원의 관객 앞에서 열린 그의 강연도 '잔혹연극'을 무대 밖에서 행한 일종의 표현행위였다. 그는 단상에서 멕시코와 아일랜드에서의 체험을 말하면서 저주로 격렬하게 고양됐고, 2시간 이상 절규가 이어지거나 침묵에 빠지곤 했다.

■ 〈세인트 마리의 집들〉

빈센트 반 고흐, 1888년, 개인 소장

고흐에 사로잡힌 아르토

그 즈음 파리 오랑주리 미술관에서는 고흐 전람회가 열리고 있었다. 1947년 2월 아르토는 그곳에서 스스로 난폭함에 사로잡히고야 말았다. 그가 고흐론을 집필한 동기는 잡지에서 본 정신과 의사의 고흐 평에 대한 분노와 고흐 전람회에서 그 스스로가 온몸으로 느낀 전율 어린 체험 때문이다. 발리 섬과 인디오들의 비서구적인 충격적 힘을 고흐의 해체된 화면을 통해 느꼈던 것이다.

그런데 반 고흐는 몽둥이로 내려치고, 이런 내려침을 통해 자연의 모든 형태와 사물들에게 충격을 주는 것을 멈추지 않는다.

반 고흐의 못에 걸려서

풍경은 적의에 가득 찬 육체를

배를 파열시켜 심기 불편한 그 상태를 노골적으로 드러내고 있다.

그리고 한편으로 무엇인가 불가해한 힘이 그 육체와 상태를 변용시키고 있다.

반 고흐의 회화전은 늘 역사의 한 사건이다.

묘사된 것의 역사가 아니라 단적으로 역사 그 자체에 있어서 하나의 사건이다.

왜냐하면 기근과 유행병과 화산 폭발과 지진과 전쟁은

고흐의 한 장의 그림만큼도,

대기의 모나드를 거스르지 못하며, 어느 유명하고 으스스한 얼굴의 운명의 머리를, 노이로제풍의 운명의 머리를 조르지도 못하기 때문이다.

이것이다. 반 고흐의 회화 속에는 환상도 드라마도 주제도 없다. 대상 따위는 없다고 나는 말한다. (…)

이것은 인간이 충분히 근접한 지점까지 다가갔을 때 드러나는 벌거벗은 순수한 자연이다.

용해된 황금과 고대 이집트에서 구워진 청동 풍경화가 그 증거이며, 거기에는 거대한 태양이 집집마다 지붕이 되고 있으며, 이런 지붕은 빛으로 부서져 마치 부패한 것처럼 되어 있다(《세인트 마리의 집들》을 염두에 둔 발언으로 생각됨).

아르토에 의하면 고흐는 사고(思考) 없이 단지 육체만으로 일루미니즘(illuminism)에 도달한 것이다. 그러나 과잉의 빛에 기대고 있는 생레미와 오베르에서 고흐는 진정 사고하지 않았던 것일까? 우직할 정도로 구도에 신경 쓰고, 배색에 있어서 보색관계에 주의를 기울였던 고흐는 어떻게 된 것일까? 도상에 사랑의 환상과 결합이란 주제를 구현하고자 했던 그는 무엇이란 말인가? 몽둥이로 자연의 형태를 파괴하면서도 자신의 복부에 총탄이 박힐 때까지 테오 일가를 불러댄(다카시나 슈우지의 『고흐의 눈』에는 이 사건에 대한 놀라운 고찰이 있다) 고흐의 결합에 대한 원망은 가볍게 무시되어도 좋을 것일까?

푸코의 총괄

서구인의 자기 해체

아르토도 그랬고 다음에 소개하는 바타유도 그렇지만, 청소년 시기에 1차 세계대전의 참상을 접했고 전쟁 후에 문학과 예술에 각성한 젊은 세대는 서구의 합리주의 문명에 강한 불신감과 비판의식을 갖고 있었다. 그리고 서구 합리주의가 외면적으로 혹은 정서적으로 취급한 광기·성·파괴·죽음의 문제에 이 세대는 적극적으로 관심을 표명했고, 가능한 한 내재적 시점에 서서 이런 불합리한 사태의 내적인 실체를 보려 했다.

이런 자세는 타문화에 대한 이해라는 상황에서도 관통되고 있었다. 당시에는 마르셀 모스 등의 민족학자나 문화인류학자도 서구 합리주의의 폐쇄성을 느끼고 있었고, 멕시코 고대 문명과 현존하는 오세아니아 문명을 파리에 계속해서 소개했다. 그러나 이들 젊은 세대는 자포니슴과 오리엔탈리즘 같은 19세기적인 이국 취향에서 벗어나 보다 직접적으로 비서구 문명권의 비합리적인 종교운동, 문화 창조력에 접하려고 했다. 즉 이런 '이질적인 것(l' hétérogène)'을 자기 문명에 선택 흡수하려 했던 것이 아니라, 서구인인 자신을 해체하면서 '이질적인 것'으로 나아가려 했다. 아르토에게 발리 섬 연극이란 문제, 바타유에게 있어서 희생제의 문제도 크게는 이와 같은 서구에서의 타문화 이해의 변화상 속에 있다.

고흐의 회화를 접했을 때도, 그들은 서구의 자기 비판·자기 해체라는 모티프로 다가갔다. 그러므로 당연히 고흐의 의지적인 면, 사랑에 의한 평온한 결합을 원했던 것은 이차적인 문제로 간주되었다. 그러나 고흐가 그런 의지에 반해서 보여준 또 하나의 본질적인 면, 즉 탈서구의 충동과 서구형의 사랑, 인도주의의 틀을 파괴하면서 자연과 인간의 깊이 있는 물결을 전달하려 했던 충동은 그들의 과격한 추구가 없었다면 제대로 드러나지 못했을 것이다. 하이데거와 야스퍼스가 했던, 불철저한 서구의 자기 반성에서 도출된 고흐 해석이 버젓이 통용되어 서구 밖의 사람들에게—예를 들어 다수의 일본인에게—큰 영향을 주었다면, 고흐 그림의 근원적인 매력에 대해서 오랫동안 눈뜨지 못했을 것이다.

바타유의 두 가지 고흐론: 태양을 향하는 자기 희생자에서 태양을 증여하는 프로메테우스로
바타유는 1930년 『르 도큐망』지에 논문 「공의적인 자기 희생과 빈센트 반 고흐의 잘려 나간 귀」를 발표했다. 그리스도교 문명권에서 공의는 예수가 십자가 위에서 인류를 대신해서 생명을 던진 행위, 즉 인류의 죄를 속죄하는 행위라고 해석한다. 예수 덕분에 각각의 인간들은 일상생활을 영위하는 것이다. 이교 세계에서 공의는 공동체에 있어 무엇보다 중요한 것을 신에게 바치고 신으로부터 실질적인 이익을 바라는 행위로 이해되고 있다. 여기서도 공동체 성원의 일상생활은 안전하게 보호받는다. 바타유는 그러나 민족학자들이 전한 미개사회의 자료에서 공의의 다른 측면을 추출해내고 이를 강조한다. 즉 공의의 산 제물이 해체되거나 살해되어 '이질적인 것'으로 변용되는 것에 대응해서 공의에 참가한 자들도 이런 파괴행위에 의해 간접적인 변용을 겪고 '이질적인 것'으로 변용된다는 것이다. 그리고 이교 세계에서는 종종 신들도 자신을 공의로 던져 '이질적인 것'으로 변화해서 이질화한 인간들과 깊은 교감에 들어간다는 것이다.

1888년 12월, 고흐는 견고하게 자기를 보호하던 고갱과의 관계가 엉클어지자 자신의 귀를 자르고, 무슨 이유에서인지 그것을 봉투에 담아 창녀에게 가져갔다. 바타유에 의하면, 이런 자기 훼손은 공의 중에서도 가장 직접적인 것이며 신적인 자기 공의다. 사회에서 배제된 이질적인 존재인 창녀와 깊이 교감하는 것은 일종의 종교적 행위라고 말하는 것이다. 생레미 시대, 정신이 훼손된 고흐와 그의 신, 그리고 이상하게 거대해진 태양과의 관계도 이와 같은 성스런 교감이라고 할 수 있을 것이다.

바타유는 1937년 『베르브』지에 두번째에 해당하는 고흐론 「프로메테우스로서의 고흐」를 발표했다. 여기서 그는 1882년 이래 타오르기 시작했던 고흐 자신의 인도주의적 프로메테우스 원망(천상의 신들의 불을 지상에 건네준)이 실제로는 통상적인 인도주의를 일탈해서 무서운 태양의 증여로 변모했다고 설명한다. 인간은 태양처럼 무익하게 자신을 소멸시켜 눈부신 빛을 발하며 자기를 해체하는 존재를 숭배하지만 거리를 두고─즉 안전한 곳에 자기를 위치시킨 채─바라보려 하는데, 태양의 인간 고흐는 자신의 일부를 창녀에게 보낸 이후 그와 같은 거리를 부정하고 태양을 직접 체험하여 인간과 자연을 유도하려 했다는 것이다. 다음에 소개하는 바타유의 언급은 수많

■ 〈생 폴 요양원 뒤의 보리밭〉

빈센트 반 고흐, 1889년, 에센 폴크방 미술관 소장은 고흐론 중에서 가장 감동적인 문장이다. 비슷한 시기에 발표된 하이데거의 언급과 비교해서 읽어보면 좋겠다. 여기서는 개체를 온존시키는 신뢰성이 녹아들지 않은 상태에서 탈근대적인 연속성이 연주되고 있다.

1888년 12월 신경과민으로 발작을 일으켜 왼쪽 귀의 일부를 자른 이후, 반 고흐는 태양이 그때까지 갖지 못했던 의미를 태양에 부여하기 시작했다. 그는 이미 태양을 배경의 일부분으로서 그림 속에 삽입하지 않았다. 태양을 마법사로서, 다시 말하면 그 움직임 속에서 서서히 대중의 감정을 북돋아 자신이 원하는 방향으로 대중을 휩쓸어가는 마법사로서 자신의 화폭 속에 묘사했던 것이다. 그리고 이때 그의 작품 전체는 **광휘 · 폭발 · 불꽃**이 돼버렸다. 더불어 그 자신도 이와 같이 **빛나고, 폭발하고, 불꽃처럼 타오르는** 상태의 광원 앞에서 황홀하게 소진해 갔다. 사물의 토대를 구성하는 안정성 속에 잔존하는 것은 아무것도 남지 않게 되었다. 이런 태양의 꿈틀거림이 시작되면 돌연 자연도 요동치기 시작한다. 식물들은 불타오르고 대지는 험한 바다처럼 요동치거나 빛을 발한다. 이미 사물의 토대를 구성하는 안정성 속에서 잔존하는 것은 아무것도 없다. 그리고 죽음이 비쳐 보이는 듯하다. 태양을 생성시킨 손바닥의 피와 그림자가 된 뼈 사이로 드러나기라도 하는 것처럼. 눈부신 꽃들과 색 바랜 꽃들. 흉폭하게 빛나 사람을 맥빠지게 하는 표정. 〈해바라기〉의 인간 반 고흐는—불안에 쫓기며? 자기를 통제하면서?—만고불변의 법칙, 어떤 토대, 다양한 얼굴에 둘러싸인 벽을 혐오하는 표정을 받아들인 일체의 것, 그런 것의 힘에 종지부를 찍은 것이다.

푸코에 의한 계승

바타유가 고흐 속에서 감지해내고 『무신학대전』 속에서 피력한 자기 해체의 체험은 현대 사상의 다음 세대에게 계승되었다. 2차 세계대전 후 철학의 세계에 눈뜬 푸코는 당시의 아카데미즘과 그 외부의 상황(사르트르 등의 실존주의 사상의 융성)을 회고하며 자신이 취했던 방향을 이렇게 고백했다.

> 한편으로, 나의 교사들과 같은 철학사가는 되지 않겠다는 것과 다른 한편, 실존주의와는 전면적으로 다른 것을 찾겠다는 것. 이것이 나에게는 바타유와 블랑쇼의 해독, 더 나아가 그들을 통한 니체의 해독이 되었다. 그들은 나에게 무엇을 드러낸 것일까.
> 우선 주체라는 범주와 그것의 우위, 그 창설적인 기능에 대해 의문을 품으라고 권유했다. 그 다음으로 단지 그런 작업이 추상적 사변에 한정되는 경우에는 그것이 아무런 의미도 없다는 확신이었다. 주체를 의심하는 것은 그것의 현실적인 파괴, 그것의 해체, 완전히 다른 것으로의 전환, 그것에 도달할 수 있는 무엇인가를 체험하는 것을 의미했다.(『미셸 푸코와의 대화』, 1970)

푸코의 초기 걸작 『광기의 역사』에는 이런 바타유 등의 가르침이 잘 드러나 있다. 마지막으로 이 책의 1장 '광인의 항해' 한 절을 읽고 고흐에 매혹된 현대 사상의 주역들의 문제의식을 먼저 살펴보자. 푸코는 광기의 사변화와 대상화를 '비판적 의식'이라 명명하면서 광기의 체험적 지각인 '비극적 의식'과 구분했다. 그에 의하면 이런 두 가지 의식이 대립하는 형태로 드러나는 것은——르네상스 시대 초기에서도 볼 수 있지만—16세기를 거쳐 17세기 고전주의 시대로 광기의 '비판적 의식' 쪽이 확실하게 우위를 점하며, 광기의 '비극적 의식'은 사드의 작품이나 고야의 회화에 음성적으로 서식할 뿐이다. 19~20세기의 근대 서구는 17세기 고전주의의 '비판적 의식'을 계승했지만, 니체·고흐·프로이트를 통해서, 특히 아르토에 의해 광기의 '비극적 의식'이 다시 역사의 표면에 부상하며 근대인에게 근원적으로 현기증나게 하는 자기 반성을 요구했다. 다음은 광기를 둘러싼 서구의 흐름을 적확하게 총괄한 문장이다(여기서 아르토는 '비극적 의식'을 표현한 인물로 지칭되지만, 멕시코 문명에 대한 분열된 단장으로 가득 찬 아르토의 유작 『불의 악마의 생과 사』(1953)는 푸코가 『광기의 역사』를 쓰는 데 필요한 귀중한 시각—16세기 르네상스 인문주의는 초인적인 자연으로의 열린 길을 단념하고 인간의 가능성을 축소시켰다는 근대성 비판에 연결되는 관점—을 제공했다).

니체의 만년의 언어, 반 고흐의 만년의 비전이 사람들 내부에서 소생하는 것이 바로 이런 비극적 의식이었던 것이다. 프로이트가 자신의 사색의 최후 지점으로 예감했던 것도 이와 같은 비극적 의식이었다고 할 수 있다. 그가 상징화하려 했던 것은 리비도와 죽음의 본능 간의 신화적인 싸움에 의해 생성되는 이러한 의식 특유의 분열 상태였기 때문이다. 최후에 이런 비극적 의식은 아르토의 작품 속에서, 특히 『불의 악마의 생과 사』속에서 표현되기에 이르렀다. 20세기의 사고가 주의를 기울인다면, 이 작품이야말로 그 사고 속에서 무엇보다 절박한 문제를, 문제제출자를 어지러움에서 깨울 수 없는 문제를 눈앞에 들이댄다. 무엇보다 이 작품은 우리의 서구 문화가 자기 밖 세계의 태양적 광기를, 아르토가

『불의 악마의 생과 사』를 기술할 때 드러냈던 어떤 분열 상황을 배제해버림에 따라 이후(즉 17세기 고전주의 이후) 그런 비극적인 근원을 상실하고 말았다는 것을 부르짖고 있기 때문이다.

그 후 푸코의 작업은 바로 이런 '비극적 근원'을 범죄·성·권력의 문제를 통해 근대 서구에 정력적으로 제시했던 것이라고 할 수 있다.

| 5 장 |

세계대전의 기하학: 칸딘스키와 코제브

추상화의 아버지 칸딘스키의 두 가지 작품군

주정과 기하학, 어느 쪽의 추상화를 선택할 것인가

뮌헨에 장대한 미술관이 늘어서 있는 지구가 있다. 고대 미술에서 시작해서 르네상스·고전주의 회화, 근대 회화, 조각작품, 그래픽 등이 다양하게 특화된 건물에 전시되고 있다. 최근에는 20세기 조형미술을 종합적으로 전시한 피나코테크 데어 모데르네(현대 그림 수집방)가 개관되어 화제를 모았다.

뮌헨에 가서 내가 가장 먼저 방문한 곳은 이 지구에 있는 렌바흐하우스 시립미술관이었다. 설날 정오가 좀 지난 시간이었고 입구의 철문은 이미 열려 있었다. 원래는 귀족예술가의 아틀리에 겸 주거공간으로 이탈리아풍 저택의 구조였다. 현관까지 이어지는 상록수는 시원한 느낌을 주었고 건물의 밝은 황토색 벽이 아름다웠다. 건물 내부에는 추상화의 아버지 바실리 칸딘스키(1866~1944)의 컬렉션이 있다. 초기의 표현주의 풍경화에서 1차 세계대전 직전의 추상화까지 풍부하게 갖추어져 있어서 양식의 진행 과정을 체감할 수 있었다. 이와 더불어 나는 그 후에 그려진 그의 추상화와 마주칠 수 있는 행운을 바랐다.

칸딘스키의 작품은 1913년의 추상화들이 정점이며 그 뒤는 그저 그렇다는 시각도 존재한다. 그러나 나는 오히려 1914년 이후의 작품, 특히 1920년경에서 1933년경까지의 기하학적인 추상이—비록 작품 수는 적지만—질적으로는 높은 차원에 도달했다고 생각한다. 그러므로 이제부터 후기 칸딘스키의 기하학적 추상화들이 펼쳐놓은 엄숙한 매력에 대해 살펴보자.

먼저 칸딘스키가 풍경화에서 추상화로 진전하는 필연성과 주정적 · 서정적이라고 지칭되는 전기 추상화들의 특질을 검토해야 한다. 추상화란 풍경이나 인물, 그리고 외계의 구체적인 대상을 화폭에 재현시키려 하지 않는 회화를 말한다. 그러므로 추상화는 비재현적인 예술 혹은 무대상적인 회화라고 불린다. 대상을 사진처럼 충실하게 재현해 보이는 사실주의 회화는 추상화로부터 가장 먼 세계이다.

칸딘스키는 작품을 제작할 때 화폭에서 대상의 구체적 형태와 모습을 제거해가는 순서에 따라 《인상》, 《즉흥》, 《콤포지션》으로 유형화하고, 《콤포지션》을 추상화의 최고 단계로 설정했다. 그렇지만 《콤포지션》이 연이어 그려진 것은 아니었다. 추상화의 아버지로 불리는 그에게도 순수한 추상화작품은 그렇게 많지 않다.

1898년 모스크바에서 뮌헨으로 이주하면서 그림에 본격적으로 매달렸던 그가 추상화의 성에 도달한 것은 1910년경으로 보인다. 사실 이 해에 〈콤포지션 I〉이 탄생했다. 그러나 그 후 1944년 파리에서 죽기 전까지 《콤포지션》은 단지 10점 정도만 완성됐다.

그 중에서 7점의 작품이 1913년까지 그려졌는데, 1913년에는 대작인 2점의 《콤포지션》(VI과 VII)이 제작되었다. 전기 칸딘스키가 중요시되고, 1913년을 칸딘스키의 정점으로 간주하는 이유가 바로 여기에 있다.

〈콤포지션 Ⅷ〉의 투명성

이에 반해 1920년부터 1933년의 기하학 시대에는 〈콤포지션 Ⅷ〉(1923)이 있을 뿐이다. 그러나 그런 상황 때문에 《콤포지션》을 뛰어난 걸작으로 생각하는 것은 아니다. 영리한 놀이의 미학, 투명한 생명의 세계. 이 화폭에 펼쳐진 것을 어떻게 형용하면 좋을까? 원, 반원, 삼각형, 격자모양 등의 기하학적 도상이 명확하게 그려진 상태로 공간을 부유하며 긴박감을 생성하고 있다. 다양한 도상이 대비관계로 결합되어 서로 자극을 주기 때문에 이런 느낌을 받게 된다.

대담하게 묘사된 예각삼각형의 가로 쪽에는 온화한 푸른 삼각형이 있으며 화면 오른쪽으로부터 좁혀드는 예리한 물풀 같은 도상들은 왼쪽 위에 칠흑의 둥근 원반에 대응하고 있다. 경사 바로 옆에서부터 직선이 차례차례 달리고, 하나의 파형 곡선이 더해져 화면에 한층 운동감을 준다. 색채는 밑바탕에서부터 엷어지고 도형들을 부유시키고 있지만 때때로 강조된 흑색, 황색, 짙은 녹색으로 그 도형들에게 긴장감을 부여한다.

기하학적 도상들의 무의미하고 긴박한 유희. 이것은 서로를 생기 있게 만들고 그림 전체에 투명성을 실현시킨다.

칸딘스키는 이와 같은 걸작을 또 그렸지만, 그 수는 결코 많지 않다. 게다가 현재 그런 작품들은 유럽과 미국의 미술관에 산재돼 있어서, 후기를 중심으로 한 대규모의 회고전이 없는 한 전체적으로 감상하는 것은 어려운 상황이다. 파리의 퐁피두 현

■ 〈콤포지션 VIII〉
바실리 칸딘스키, 1923년, 뉴욕 구겐하임 미술관 소장

대미술관에도 몇 작품이 소장돼 있으나 내가 뮌헨에 가기 전에 파리에 들렀을 때는 〈황·적·청〉(1925) 한 작품—그렇지만 대단한 작품—만 공개됐을 뿐이었다. 뮌헨의 렌바흐하우스에서는 기하학 시대 초기의 〈붉은 반점 Ⅱ〉(1921)를 만날 수 있었다. 그 후에 방문했던 피나코테크 데어 모데르네에는 전기 추상화만 있을 뿐 후기작품은 한 점도 전시되지 않았다.

정신과 물질

물질문명의 번영

유희가 긴박감을 갖기 위해서는 그 유희 속에 대비 혹은 대립이 실현돼 있어야만 한다. 그리고 무엇보다도 화가 자신이 근원적인 대립을 산출해내야만 한다. 전기의 칸딘스키는 근원적인 대립을 알고는 있었다. 그러나 그 대립을 자신의 문제로 정면으로 다루지 않았다. 때문에 그의 유희, 즉 추상화는 철저하지 못했다고 생각한다.

칸딘스키는 1912년 이론서 『예술에서의 정신적인 것에 대하여』를 출간했으며, 이윽고 추상화를 옹호하려 했다. 아니 정확하게 말하면 정신문화 일반의 융성을 바라면서 추상화를 그 속에 덧붙이려 했다. 이 이론서에서 칸딘스키가 근거로 삼은 기본적인 도식은 정신과 물질이란 근원적인 대립이다. 말할 것도 없이 물질이 비판의 대상이었다. 물질이란 것에서 그가 염두에 두고 있었던 것은, 과학과 산업 발달의 결과 서양에 만연하게 된 물질주의적인 사고방식이었다. 물질주의는 이런 경우에 합리적으로 처리 가능한 것, 수치로 드러나는 것에 많은 가치를 두는 태도이다. 다르게 표현하면 어느 정도 생산할 것이며 어느 정도 소유할 것인가, 생산물·소유물의 크기에 따라 인간의 가치, 사회의 가치, 심지어 문화의 가치까지 결정하려는 태도를 말한다.

반면 정신적인 것은 인간의 내면 상태로 수치로 드러낼 수 없는 것을 가리킨다. 종교적인 감정, 예술적인 감정이 여기에 해당한다. 19세기를 통해서 물질문명이 번영해간 것에 대응해서 정신적인 것의 가치는 위축됐다. 신앙심은 사라졌고 '신의 죽음'이 선고되어 예술도 대중화 속에서 상업적 취미와 배금주의에 오염됐고 권력을 과시하는 도구로 변질되었다.

정신의 왕국

그러나 이런 경향이 차츰차츰 줄어들던 1912년의 칸딘스키는 보고 있었다. 물질주의의 어둠 속에서 정신주의의 빛이 미약하게 보이기 시작하는 것을. 『예술에서의 정신적인 것에 대하여』에 이런 내용이 있다.

> 긴 물질주의의 시대를 경유해서 지금 천천히 보이기 시작한 우리의 영혼은 무신앙·무이상·무목적이란 절망의 싹을 그 속에 감추고 있다. 이런 우주의 생존을 무익하고 유해한 유희로 만든 물질주의적 세계관의 악몽은 아직 완전히 소멸되지 않았다. 각성한 영혼은 이런 악몽의 인상에서 아직도 벗어나지 못했다. 그렇지만 희미한 빛이 무한한 암흑 속에서 한 점처럼 어렴풋이 빛나기 시작했다. 이런 희미한 빛, 이것은 단순히 예감에 불과하다. 영혼은 이 빛이—꿈일까 암흑

일까—현실일까 의심하고 있으며 아직 그것을 직시할 만한 용기가 없다.

칸딘스키에게는 그런 용기가 있었다. 지배적인 물질주의 풍조에 저항해서 그는 새로운 정신의 조짐을 구체적으로 드러냈다. 예술 분야에서는 우선 벨기에의 시인 마테를링크(1862~1949)의 상징주의적인 언어 사용(언어는 물질적인 대상을 지칭할 뿐 아니라 그 울림에 의해 '정신적 특성'을—예를 들면 공포감과 절망적인 분위기를—만들어 낸다). 쇤베르크의 무조음악. 칸딘스키는 쇤베르크를 아주 높이 평가했다. "쇤베르크의 음악은 우리에게, 음악적 체험은 귀의 문제가 아니라 순수한 영혼의 체험에 있다는 것을 알려주며 새로운 세계로 이끌고 있다. 이런 점에서 '미래의 음악'이 시작된 것이다." 미술의 세계에서는 '생명 없는 대상' 즉 정물화에 색채와 형태의 두 측면에서 내면적인 생명을 부여했던 세잔(1839~1906). 야수파 마티스(1869~1954)는 강렬한 색채로, 입체파 피카소는 형태의 혁신으로 세잔을 계승하고 물질의 속박을 뛰어넘었다고 평가받는다.

종교 분야에는 우크라이나 출신의 블라바츠키 부인이 주도한 '신지학협회'가 있었다. 이 협회는 1875년에 설립되어, 20세기에 들어서는 서양인의 마음을 속속 사로잡아 차례차례 지부가 만들어졌다. 그들의 교리는 그리스도교 신학과 인도 철학을 융합한 것으로, 인간의 불멸하는 '자아'는 지상계와 천상의 정신계 사이에서 육체를 받고, 승천하고, 다시 육체를 받는 순환을 반복하는 속에서 진화를 이루어 완성에 도달한다고 설명한다. 칸딘스키도 인용한 그녀의 그런 진화사관의 결론은 이렇다. "21세기에 지상은 현재의 그것과 비교해서 천국이 될 것이다."

이와 같은 예견으로부터 칸딘스키는 『예술에서의 정신적인 것에 대하여』의 말미에

정신의 왕국의 건설은 이미 시작되었으며 회화의 정신은 이 위대한 정신성의 시대 혼이라고 강변했다. 이와 같은 낙관적인 현실 인식 혹은 미래 전망은 이 저작 전체를 관통하는 기본적인 톤이다. 여기서는 물질주의 때문에 괴로워한다거나 속박을 받는다거나 혹은 다시 물질주의와 갈등 상태에 빠지는 절박한 상황은 전달되지 않는다. 오히려 물질주의에 대한 비판은 표층이며 심층에서는 역으로 물질주의의 은혜를 받고 있는 것처럼 보인다.

아름다운 시대 속의 칸딘스키

예술작품은 시대의 아들

단적으로 말하면, 1912년에 발표된 칸딘스키의 저작 『예술에서의 정신적인 것에 대하여』는 '벨르 에포크'의 산물이다. 저작의 앞부분에 '어떤 예술작품이나 그 시대의 아들'이란 말이 있는데, 그 말은 저작 자체에도, 그리고 칸딘스키의 회화작품에도 해당된다. 1912년에 발표된 이론서와 후기의 회화는 정신주의의 출현이라는, 시대의 새로운 경향의 소산이 아니라 오히려 근본적으로는 번영기의 물질문명에 의해 가능했던 시도였다고 말하고 싶다.

'벨르 에포크'라는 프랑스어는 '아름다운 시절'이라는 의미로, 19세기 말에서 1차 세계대전까지 중에 특히 파리에서 볼 수 있었던 도시문화의 번영을 가리킨다. 기반은 과학기술에 의존한 제반 산업의 생산 능력 향상과 그 성과를 향유할 수 있는 시민층의 경제력, 소비 능력의 향상이다. 게다가 백화점으로 상징되는 대중소비문화가 꽃을 피웠다. 제반 예술을 살펴보면 에펠탑(1889)을 시작으로 드뷔시의 음악, 마티스의 화려한 그림, 프루스트의 소설(『잃어버린 시간을 찾아서』 1편 「스완네 집 쪽으로」는 1913년에 출판됨)이 출현했다. 이런 문화적 번영은 정확한 관점을 취하면 봉건 시대의 궁정문화가 물질문화의 신장 탓에 민중 속으로 확대되는 것을 의미한다. 그리고 민중의 이런 급속한 귀족화에는 경박한 배금주의도 일조했다.

유희하는 아이: 뮌헨과 칸딘스키

뮌헨도 비슷한 상황이었다. 분명 독일은 산업혁명, 중앙집권화, 제국주의적인 식민지 정책이라는 근대 국가의 성립 요건에서는 프랑스에 뒤쳐졌다. 그러나 1871년 보불전쟁 승리 이후, 대(大)독일을 실현시키기 위한 고도 공업화·금융자본의 대규모화에 성공했으며, 20세기 초반에는 프랑스와 견줄 만한 국력을 갖게 되었다. 그 풍요로운 물질생산력이 문화 면에서 소비된 곳이 베를린과 뮌헨이었다. 특히 뮌헨은 파리를 경쟁자로 의식했으며(르네상스·고전주의 회화를 전시하는 알테 피나코테크, 고전 고대의 조각을 전시하는 그루프토테크 같은 19세기 미술관들은 루브르를 의식해서, 최근의 피나코테크 데어 모데르네는 퐁피두를 의식해서 건축되었다), 굳이 '독일의 아테네'로 자칭하면서 프랑스나 라틴 세계에 귀속되는 것을 부정했으며 파리풍의 예술과 학문인 '벨르 에포크'를 카페에서 오페라대극장까지 다양한 장에서 향유했다.

칸딘스키와 그가 주도한 '청기사'에 소속된 전위예술가 같은 최첨단 문화인들은 정신주의를 표방했는데 당시 독일의 물질문명은 그것을 허용할 여유가 있었다. 상황은 이러했다. 아버지가 자식의 반항을 허락하는 것처럼 물질문명 측은 젊은 문화인들의 숨결에 근본적인 저항을 드러내지 않았고, 오히려 자신을 치장하는 의장으로서 그것을 즐겼고 활력을 얻었던 것이다.

칸딘스키 개인을 보면, 그의 뮌헨 생활은 서른 살에 시작되었고 부친의 충분한 송금에 의해 가능했다. 러시아에서 홍차무역회사의 지배인으로 근무했던 부친은 경건한 정교회교도였다. 그런데도 자식이 첫 제자인 가브리엘 뮌터(1877~1962)와의 연애 때문에 아내 아냐와 이혼 이야기가 나왔을 때, 그것을 순순히 용인했으며 자식의 공동생활을 위해 송금을 계속했다.

뮌헨 시대(1896~1914)의 칸딘스키에게 생활고의 그림자는 없었다. 부친의 도움으로 아득바득 일할 필요 없이, 그는 애인과 유럽 각지의 미술관을 순례하거나 뮌헨의 카페에서 동료들과 예술에 대한 토론에 심취했고, 산속 마을에서 그림을 그리는 등 자유롭게 유토피아적인 생활을 즐겼다.

표현주의적 풍경화

물질문명의 은혜를 바탕으로 한 자유분방함은 그림의 진전에도 영향을 주었다. 1908년부터 칸딘스키는 매년 여름, 뮌헨에서 남쪽으로 80킬로미터 떨어진 곳에 위치한 아름다운 마을인 무르나우에 체류했으며 풍경화 제작에 전념했다. 무르나우에서 유럽과 알프스는 꽤 가까웠고, 쭉쭉 뻗은 바위산이 눈앞에 우뚝 솟아 있었다. 영국과 프랑스에서 '그랜드 투어(유럽 일주여행)'에 나선 18세기 사람들은 이와 같은 산의 위용에 공포와 외경심을 느꼈고 자연의 위대함을 실감했다. 그러나 칸딘스키의 표현주의적인 그림에서는 박력 있는 알프스 산맥도 동화적으로 해체되어 행복에 젖은 색채와 도상으로 바뀌었다.

중요한 것은 형태보다 색채였다. 칸딘스키는 대상의 어느 특정한 색채에 감수성 풍부하게 반응했으며, 그런 색채의 아름다움을 화폭에서 강조했다. 묘사된 대상은 색채가 노래하는 그대로 입체감을 상실하고 평면화되었으며 단순한 형태로 환원되었다. 산도, 호수도, 교회도, 늘어선 집들도 르네상스 이래의 원근법적 재현과 단절하고 눈부시게 화려하고 꿈에서 본 듯한 색채의 도상, 그러나 단순하고 유아적인 형태의 도상으로 변화했다.

초기의 추상화로: 무저항으로 파괴돼가는 형태

칸딘스키의 초기의 추상화는 이와 같은 표현주의적인 색채의 서정이 고양된 결과 탄생된 세계이다. 즉 무르나우에서 그린 풍경화의 색채는 단순한 형태로부터 배어나는 듯한 인상을 주지만, 그 색채가 마침내 형태를 파괴하고 흘러넘치게 되었다. 다양한 대상으로부터 흘러넘치는 색채들은 탁류처럼 울림을 만들고, 그 속에서 파괴된 형태를 삼켜버리고 있다. 언뜻 색채의 격류에 쓸려 나간 형태들은 다이나믹한 운동감을 만들어낸다. 그러나 부유감은 느껴지지 않는다. 홍수처럼 쏟아지는 색채들이 다양하게 강렬한 개성을 발산하며 화폭의 사방을 메우고 있기 때문이다.

기하학 시대의 추상화에서는 사방이 엷은 밑그림 상태이며, 도상들이 그 위를 부유하고 있다. 화폭을 녹색으로 물들인 네 변은 도형들과 대조관계로 길항하고 있기 때문에, 화폭 전체가 공간화되었고 동시에 도형들은 부유감을 얻고 있다. 초기의 《즉흥》이나 《콤포지션》에서는 형태가 색채에 의해 파괴되고 있을 뿐이어서 이미 무엇과 길항할 수 있는 힘을 상실했다.

■ 〈무르나우의 철길〉
바실리 칸딘스키, 1909년, 렌바흐하우스 시립미술관 소장

그렇다면 왜 표현주의 시대에서 전기 추상화 시대까지 대상이 이렇듯 편안하고 무저항적으로, 칸딘스키의 시각 앞에서 형태의 패권을 잃고 해체된 상태가 돼버린 것일까? 그것은 무엇보다도 칸딘스키 자신이 대상에 대한 저항감을 느끼지 않았고, 사물들과 대립하지 않았으며, 사물들의 저항을 받지 않았기 때문이다.

다음에 인용하는 『예술에서의 정신적인 것에 대하여』의 한 대목은 칸딘스키가 회화의 핵심을 말한 부분으로 이 저작의 뼈대가 되고 있지만, 그가 말하는 '대립과 모순'을 자신의 회화에서 제대로 실현시킬 수 있게 된 것은 그 이후에 가능했다. 다시 말하면 1차 세계대전, 러시아 혁명, 나치스의 대두 같은 물질의 저항을 그가 직접적으로 받으면서부터 시작됐던 것이다.

> 모차르트의 작품에 귀를 기울였을 때, 우리는 부러움을 느끼며 슬픈 공감을 감지한다. 그의 작품은 우리의 내면생활의 웅성거림 속에 있으며, 기쁜 휴식과 위안을 주는 그림이며, 희망이다. 그럼에도 우리는 그것을 우리와는 연이 없는 과거의 음악처럼 듣는다. 음과 음의 갈등, 균형의 상실, '원리'의 붕괴, 목표가 없는 노력, 충동과 동경과의 명확한 분열, 다양함을 통일하는 매개와 틀의 파괴, **대립과 모순—이것이 우리의 하모니이다.** 이런 하모니에 기초한 콤포지션이 색채와 데생의 결합인 것은 말할 필요도 없다. 오로지 그때, 이런 색채와 디자인은 다양하게 독립적으로 존재하면서도 내적 필연성에 의해 획득되어, 거기서 생성된 공통의 생명 속에서 하나의 전체를 형성해낸다. 즉 회화라고 불리는 것을 만들어내는 것이다.

■ 〈콤포지션 Ⅶ〉
바실리 칸딘스키, 1913년, 모스크바 트레차코프 미술관 소장

전쟁과 혁명 속에서

러시아로 귀환

1914년 7월 1차 세계대전의 전야에 칸딘스키는 이미 피폐한 상태였다. 대작인 두 점의 《콤포지션》 제작 때문에 에너지를 소모한데다가 '청기사'의 연감 발행과 저서의 출판 등으로 빚을 졌으며, 뮌터와의 관계도 삐걱거리기 시작했다. 칸딘스키는 피곤한 일과 인간관계에서 탈출하기를 원했으며 모스크바에 대한 향수가 점점 심해졌다. "모스크바야말로 내 자신의 에너지를 끌어내는 땅이다. 그리고 그곳에서야말로 나는 내 작업에 필요한 내면적인 생활을 영위하는 것이 가능하다."(1914년 7월 11일, 칸딘스키가 구트킨트에게 보낸 편지) 역사는 그가 모스크바로 귀환하는 것을 실현시켰지만 실제로는 빈정거리듯 어려운 상황을 초래했다.

1914년 8월 1일, 독일은 러시아에 선전포고를 했다. 러시아 국적의 칸딘스키는 즉각 국외 퇴거를 명령받았다. 그는 뮌터와 전처 아냐, 친척 자매 일가와 함께 스위스의 보덴 호반으로 도피해 잠시 체류하다 뮌터는 독일로 되돌아가고 나머지 일행은

■ 〈절대주의 No. 57〉
카지미르 말레비치, 1916년, 쾰른 루트비히 미술관 소장

12월에 조국으로 돌아왔다.

　모스크바로 돌아왔을 때 칸딘스키는 유채화 재료들을 살 돈이 없어 수채화에 만족할 수밖에 없었는데, 1915년경에 그린 수도의 조감도 등은 눈을 의심할 정도로 차갑고 정기를 상실한 사실화였다. 고향에 돌아왔지만 칸딘스키는 여전히 자신의 에너지를 회복하기 어려웠다. 1916년 뮌터와의 이별이 결정적이었고, '청기사'의 최고 동지였던 프란츠 마르크(1880~1916)가 마르누의 독불전선에서 사망했기 때문이었다.

　유일한 구원은 젊은 니나와의 해후와 결혼이었다. 칸딘스키는 1917년 초에 모스크바의 부동산을 매각하고 신혼생활 자금과 그림 재료들을 구입했다. 그러나 이렇게 해서 그렸던 유채화는 무르나우의 표현주의적 풍경화와 뮌헨 시대 《즉흥》의 반복이란 틀을 벗어나지 못했다.

　1917년 모스크바에서는 2월 혁명이 10월 혁명으로 진화해갔다. 그 와중에 노동자들은 "약탈자들(부르주아지)을 약탈하자"는 슬로건을 내세우고 폭도로 변해, 부르주아지 출신인 칸딘스키는 구속되어 처형될지 모른다는 불안 때문에 전전긍긍했다. 그러나 혁명 직후, 민중과 정부는 예술가에 대해서 관대했다. 특히 칸딘스키 같은 혁신적인 화가에 대해서는 더욱 관용적이었다.

　니나 부인의 회상에 의하면, 1917~1921년경의 모스크바에선 예술과 문화 차원에서도 축제의 개방감이 넘쳐났다. "모든 창조적인 인간들에게 일거에 완전히 무제한적인 가능성이 열렸다. 당시의 공기는 더할 나위 없이 신선했으며 진보에 도취한 열광적인 분위기가 발산되었다. 이런 분위기 속에서 사람들은 모든 분야에 열심이었고 꾸준하게 활동을 밀고 나갔다."

　칸딘스키는 1918년 이후, 소비에트 정권으로부터 몇 차례 문화행정의 요직을 제의 받았으나 그것은 물론 그의 정치의식을 고려한 것은 아니었다(칸딘스키는 생전에 어떤 정치 이데올로기에도 자신을 한정시키지 않았다). 혁신적인 예술창조력, 광범위한 지식과 그것을 이론으로 구축해내는 힘, 유럽의 중심에 이미 알려진 화가로서의 명성을 사려고 했던 것이다.

때문에 그가 모스크바에서 '내면적 생활'에 충실하고자 했던 당초의 꿈은 외면적인 생활로 인해 사라지게 되었지만, 그런 속에서도 자신의 추상화를 혁신하는 계기를 만들었다. 바로 러시아 전위주의와의 만남이 그를 투명한 기하학의 세계로 향하게 만든 것이다.

말레비치의 '절대주의'와 로트첸코의 '구성주의'

확실히 1912년의 『예술에서의 정신적인 것에 대하여』 속에 이미 순수 추상화의 가능성으로서 기하학적 형태가 언급되고 있으며, 기하학적 도상의 분석적 연구서인 『점 · 선 · 면』(1928)의 집필도 1914년 보덴 호반에 체류할 때 시작되었다. 그러나 칸딘스키에게 새로운 기하학적 추상화에 대한 영감을 준 것은 문화행정의 공무 속에서 만나게 된 카지미르 말레비치(1878~1935)의 절대주의(suprématisme)와 알렉산드르 로트첸코(1891~1956)의 구성주의(constructivisme)였다.

1917년에는 양 방향의 유파가 기하학적 추상화의 세계에 도달했다. 말레비치는 정방형과 마름모 등 사각형의 사용을 통해서, 말레비치에게 배운 로트첸코는 사각형 외에 빈번한 원의 사용을 통해서 부유하는 도형의 추상화를 정력적으로 발표했다. 네 변이 연접하는 곳이 밑바탕을 이루는데, 도형이 견고한 형태를 유지하고 있기 때

■ 〈흰 원〉

알렉산드르 로트첸코, 1918년, 상트페테르부르크 러시아 미술관 소장

■ 〈제3인터내셔널 기념탑 모형〉

블라디미르 타틀린, 1919년, 파리 국립근대미술관 소장문에 부유감이 생긴다. 칸딘스키는 이런 묘사방법에 자극을 받았다. 그와 더불어 보다 근원적인 것을 알게 되었다. 두 가지 유파는 표면적으로는 닮은 기하학적 추상화의 세계를 실현하고 있지만 명확한 사상적 측면의 차이를 이미 배태하고 있었다. 이런 차이는 칸딘스키 자신의 문제이기도 했다.

말레비치의 '절대주의'는 본인의 말을 빌면 "창조적 예술에 있어서 순수한 감각의 절대성"이다. 이것은 예술이 자연의 세계에도 인간 사회에도 속박되지 않고 예술가의 자율적인 감각의 발휘로서 존립해야 한다는 것이다. 자연에 대해서는 그것을 모방하는 것을 그만두고 비재현적인 무대상성을 드러내고 절대자유를 실현하는 것이다. "'절대주의'의 대상 결여는 실용성에 복무하는 것이 아닌 무로서, 그와 같은 비대상성이 행위하는 인간의 본질이 된다. 화가는 자신의 활동이 실용적 대상성 밖에 있는 것을 인식한다. 회화는 자연처럼 생겨나고 작용하는 것이며, 이미 시나 건축처럼 실용성·실리성을 알지 못한다."

이에 반해서 '구성주의'는 사회에 어떤 역할을 하는 것을 목표로 한다. 생산주의가 그 중심 이념이므로, 비생산적인 무용성을 배제하고 예술을 과학기술과 기계 생산과 융합시켜 근대 사회에 들어맞도록 해서 그 발전에 기여하려는 것이다. 블라디미르 타틀린(1885~1953)이 1919년에 제작한 〈제3인터내셔널 기념탑 모형〉은 생산주의를 상징하는 작품이다. 소재는 철과 유리인데 나선형으로 상승하는 원통의 모습을 하고 있으며 사회주의 사회의 미래를 노래하고 있다.

칸딘스키의 입장

칸딘스키의 입장은 언뜻 보면 말레비치의 '절대주의'에 가까운 듯 보인다. 실제로 『예술에서의 정신적인 것에 대하여』에서는 자연에서의 해방을 회화의 새로운 경향으로 긍정하고 예술의 고고함을 다음과 같이 강조했다. "현대의 하모니는 주로 대립의 원리로 예술에 있어서는 어느 시대에나 최고 원리이며, 이런 원리에 근거하고 있다. 그렇지만 우리의 모든 대립은 **내면적** 대립이며 이것은 언제나 고고함을 지켜내고 조화를 향한 다른 제반 원리의 도움(오늘날에는 방해가 되고 소용없는 것이 되었다)을 거절한다!"

　러시아 예술과 문화를 위해 노력했던 칸딘스키는 이미 이와 같은 내면성에 갇히는 유치한 발상을 버린 상태였다. 물질적인 원조를 가능한 한 끌어내지 않으면 지방에 22개의 좋은 미술관을 건립할 수가 없었으며, 모스크바 교육기관을 충실하게 만들기도 어려웠던 것이다. 어쨌든 물질의 문제에 적극적으로 개입하면서도 칸딘스키는 예술의 무익성을 사수하려 했다. 그는 말레비치의 협소한 '절대주의'에는 동의하지 않았다. 그렇다고 근대 물질문명에 예술을 활용하려는 로트첸코의 '구성주의'에도 동의할 수 없었다. 칸딘스키의 기본적인 입장은—내면적인 생활에 있어서도 외면적인 생활에 있어서도—물질주의와 인접하는 영역으로 적극적으로 나아가서 물질주의와의 길항관계 속에서 정신주의를 영위한다는 것이었다. 이런 경우에 물질주의가 강력하게 저항해서 정신주의를 소멸시켜버린다면 이야기는 달라진다. 칸딘스키는 정신주의가 소멸되기 직전까지 이런 길항관계를 만들어내려 했다. 러시아에서도, 그 후 독일과 프랑스에서도 마찬가지였다.

바우하우스 시대

그로피우스와의 길항관계

로트첸코 등의 구성주의자들도 신정권의 문화행정에 관여했는데, 1920년이 되어서는 생산주의적인 경향을 강화시켜 칸딘스키와 격렬하게 대립하게 되었다. 이 때문에 1921년 초에 칸딘스키는 예술문화연구소와 기념건조물 회화공방의 요직을 그만두게 되었다. 러시아 경제는 긴 내전과 간섭전쟁으로 파국으로 향했고 물자 부족과 식량난은 농민과 시민들을 폭동으로 내몰았다. 자본주의적 요소를 받아들인 '신경제 정책'이 실시됐고 동시에 내부를 긴장시키기 위해 문화 면에서는 사회주의적인 프로파간다를 요구하게 되었다. 상황은 무익한 예술을 비판하는 구성주의자들과 정치가들에게 유리하게 전개되었다. 문화축제의 시대는 끝이 난 것과 다름없었다. 칸딘스키는 1922년 12월에 예술의 신경향을 조사하기 위해 독일에 파견되었는데, 그것이 신정권이 보여준 최후의 관용이었다. 바이마르의 바우하우스 소장 발터 그로피우스(1883~1969)는 칸딘스키를 그곳의 교수로 초빙했고, 칸딘스키는 그 제안을 받아들여 독일로 망명했다. 이것은 병으로 쓰러진 레닌의 휴양을 틈타 소비에트 신정권이 국내에서 모든 종류의 추상예술을 금지시킨 상황과 관련이 있으며, 퇴로가 차단됐다는 의미였다.

바우하우스로 이동했지만, 칸딘스키는 근원적인 대립에서 멀어지지 않았다. 본질적으로는 같은 틀 속에 있었다고 해도 과언이 아니었다. 바우하우스는 그 명칭('건축의 집')이 의미하는 대로 건축을 주축으로 한 근대적인 종합예술교육기관이었다. 그로피우스가 염두에 두었던 것은 중세의 고딕 대성당의 건설 현장이었다. 중세의 건설 현장에서는 건축공장을 중심으로 그 시대 최고의 기술자와 예술가들이(석공 · 조각가 · 유리세공사 · 스테인드글라스 작업자 등) 협동해서 대성당을 건축했다. 바우하우스는 조직 면에서는 중세 고딕의 종합성을 근간으로 삼았다(교수는 중세풍으로 마에스터라고 불렸다). 그러나 미학의 면에서는 근대였다. 합리성 · 정합성 · 유용성이 존중되었다. 실제로 그로피우스의 설계로 데사우에 건설된 바우하우스 건물에는 고딕적인 과잉 · 무용성 · 부조화가 없으며 냉정할 정도로 정연하다.

말레비치가 지적하고 있는 것처럼 건축은 본질적으로 실용성을 내포한다. 그로피우스는 근대 사회를 선도하기 위한 참신한 실용적 건축물을 목표로 했다. 그에게는 근대 물질문명과 대결하려는 자세는 없었다. 오히려 첨단 디자인으로 물질문명의 발전에 기여할 수 있는 건축을 생각했다. 과학기술과 예술을 조화시켜 사회주의 국가의 전진에 기여하는 작품을 제작했던 러시아 구성주의자들과 근본 정신은 같았던 것이다.

칸딘스키도 예술의 종합화는 생각하고 있었다. 그러나 그것은 장식 효과, 언어예술, 무용, 그리고 음악이 융합되는 무대예술이었다. 사회적으로는 실리적이지 않고 무용한 종합성을 염두에 두고 있었다. 그럼에도 칸딘스키는 1933년에 바우하우스가 해산될 때까지 그곳에 머물면서 열심히 색채론과 기하학 분석론을 강의했고, 또한 회화 창작을 가르쳤다. 이와 같이 칸딘스키는 그로피우스의 근대 물질주의에 접하면서 그것과 길항관계를 유지했다.

그런 의미에서 1926년 데사우 교사에서 선생들이 함께 찍은 사진은 매우 흥미롭다. 그로피우스를 중심으로 바우하우스의 정통 멤버들은 선형으로 포진한 채 모두 카메라 쪽을 바라보고 있다. 그러나 칸딘스키 한 사람만은 그로피우스 근처에 서 있으면서도 얼굴도 몸도 다른 방향을 향하고 있다. 마치 마름모와 원이 대치하던, 당시 칸딘스키의 기하학적 추상화의 세계 같다.

나치스화한 주민과의 긴장관계

칸딘스키는 그로피우스와 길항하면서 이윽고 거대한 대항세력과의 긴장관계에 빠졌다. 1919년 4월 바우하우스가 창설된 독일의 중부 바이마르는 10월에 있었던 신독일공화국 헌법의 발포지로서 유명했지만, 정치적으로는 오히려 보수적이었으므로 전위적이며 국제적인 바우하우스는 주민들에게 혐오를 받았다. 니나 부인의 표현을 빌면 "육지 속의 고도"였다.

바이마르의 바우하우스는 마침내 반동적인 주민운동으로 인해 하는 수 없이 1925년에 독일 동부의 데사우 시로 이전해야 했다. 그러나 여기서도 전위성과 국제성 때문에 나치스계 주민들의 반대운동이 있었고, 1932년에는 수도 베를린으로 옮겨갈 수밖에 없었다. 그리고 다음해인 1933년에 나치스당이 정권을 장악하자 바우하우스는

■ 바우하우스 교사들의 모습
1926년, 왼쪽에서 아홉 번째가 칸딘스키

그 존립 자체가 부정되어 해산을 강요받았다. 같은 해 칸딘스키는 프랑스로 망명했다. 그 후 뮌헨에서는 나치스가 전위예술을 숙청하기 위해 '퇴폐예술전'을 열었고 컨딘스키의 회화는 지탄의 대상이 되었다.

독일에서 전위성·국제성이 노골적으로 혐오받은 이유는 무엇일까? 1차 세계대전 때에는 칸딘스키의 추상화가 상당한 호응을 얻었고 그에게 명성을 가져다주었는데, 왜 대전 후에는 이렇게 배척당하게 되었을까?

사정은 추상예술을 탄압한 1922년경의 러시아와 비슷했다. 1차 세계대전 후의 독일은 전쟁에서 치른 희생과 부당할 정도로 높은 전쟁배상금 때문에 경제적으로 어려웠다. 물질적 빈곤이 커질수록 사람들 사이에서는 비물질적으로 존재하는 것에 대한 반감이 싹텄다. 비물질적인 것이 일정한 가치를 인정받으면 그에 따라 반감도 강해졌고, 반감은 원한이 돼버렸다. 최종적으로는 근대 물질문명에 공헌하는 것을 목표로 했던 그로피우스 같은 건축가도 전위성과 국제성을 여분의 부가가치로, 비물질적인 여유로 보았다. 달리 표현하면 타국과의 비교를 통해서 근대화에 뒤쳐졌음을 과도하게 의식했던 시민들은 문화를 평준화하고자 했고, 정제된 자원을 생산체제로 밀어 넣듯이 문화를 물질적인 뒤쳐짐을 극복하는 데 기여시키고자 했다는 것이다.

코제브의 해석

모든 고정화에 대항한다

칸딘스키는 러시아 시대, 바우하우스 시대, 그리고 최후의 파리 시대에서도 궁핍한 가운데 지속적으로 근대 물질주의의 저항에 대치했다. 그 당시 그는 경제적으로 곤궁해도 자신의 작품을 일원화시켜 물적으로 응고시키는 후퇴를 하지 않았다. 예술의 절대주의와 단순한 정신주의로 자신의 작업을 환원시키지 않았던 것이다. 역으로 추상화란 고정된 레테르를 벗겨내려고 했다.

파리 망명 시절 칸딘스키는 36세 아래인 조카이자 철학자 알렉산드르 코제브 (1902~1968)에게 자신의 회화를 구상 세계로 새롭게 내세우는 논문을 의뢰했다. 코제브가 파리 고등연구원에서 헤겔의 『정신현상학』을 강의하던 때였다. 욕망의 비이성적인 발로를 이해하면서도 최종적으로는 이성의 힘에 의한 변증법의 완결·인류사의 완료를 정치한 논리로 펼쳐 보였던 코제브는 바타유와 라캉 등 비이성적 욕망에 관심이 있던 수강생들을 강한 충격 속으로 몰아넣었다.

조카의 오해

칸딘스키는 그러나 1936년에 발표된 코제브의 논문 「칸딘스키의 구상회화」를 일독한 후 그것을 전람회의 카탈로그에도 싣지 않았고, 책으로 펴내려고도 하지 않았다. 현재 이 논문은 출판되어 있는데, 읽어보면 칸딘스키가 침묵한 이유가 보인다. 그것은 코제브가 백부의 예술을 말레비치풍의 절대적으로 자존하는 세계로 받들어 올리고 있기 때문이다. 즉 칸딘스키의 예술을 한 그루의 나무처럼 구체적인 물로서 자율적으로 존재한다고 설명했던 것이다. 여기에는 철학도, 유럽공동체도 자율적인 총체의 완성을 통해 발전해야 한다는 근대인으로서의 코제브의 근본 사상이 영향을 미치고 있다(2차 세계대전 동안 코제브는 유럽 경제기구의 관계자로 활약했다). 칸딘스키는 반대로 화폭의 세계를 미완결의 긴장감 속에서 유희하도록 놔두었다. 그는 하나의 객체에 속박되지 않는 것이 현실적이며 구상적이라고 생각했던 것이다. 코제브의 결론을 인용해두겠다.

> 일반적으로 '총체적인' 회화는 한 객체의 '재현'이 아니라 회화 그 자체가 하나의 객체로서 **존재하는 것**이다. 칸딘스키의 회화는 객체의 회화가 아니라 묘사된 **객체**인 것이다. 그의 회화는 나무와 산, 의자, 국가 등과 같은 의미에서 객체가 되고 있다. (…) '총체적인' 회화는 객체가 **존재하는 것**과 마찬가지로 존재하고 있다. 즉 이 회화는 상관적인 것이 아니라 '절대적으로' **존재하고 있다.** 이 회화는 자신 이외의 모든 것과 관계를 갖지 않고 **존재하고 있다.** 이 회화는 **우주가 존재하는 것처럼 존재하고 있다.** 그런 의미에서도 '총체적인' 회화는 '절대적인' 회화인 것이다.

오해가 명백하지만, 칸딘스키로서는 자기 추상화의 본질을 코제브가 이해하고 있다는 느낌을 사전에 받았기 때문에 논문을 조카에게 의뢰했던 것이다. 실제로 파리에서 데사우의 백부에게 보낸 조카의 편지를 읽어보면, 칸딘스키의 생각을 이해할 수 있다. 앞서 코제브가 〈원〉(1926, 컬러 화보 참조)에서 감지한 '중심'의 부재야말로 투명한 유희의 세계인 것이다. 그러나 이런 중심이 부재한 상황을 하나의 총체로 만들면 투명성은 사라지고 만다.

드레스덴에서 백부의 그림을 보았을 때(〈원〉이라고 생각하는데), 저는 그 그림에 통일성이 결여돼 있는 것에 충격을 받았습니다. 중심이 없고 경계가 완전히 우연적이었으며, 그러면서도 캔버스의 이런 저런 요소들은 하나의 전체로 연결되어 의미를 가진 것처럼 되어 있었습니다……. 실제로 세계가 무한한 것처럼, 그 요소에도 이미 한계가 없었지요. 그런 요소는 무한한 세계의 미적인 측면을 반영하고 있었습니다. 무한으로 존재하는 이상, 그런 요소는 '중심'을 갖는 것이 불가능합니다. 그와 같은 의미에서 캔버스 속의 부분적인 것과 개개의 부분이 하나의 '중심'이 되고 있었습니다……. 즉 여러 요소는 이미 총체의 여러 측면이 되고 있었습니다.(1929년 2월 3일, 코제브의 편지)

칸딘스키는 색채에 대해서 청색은 무한한 천상의 색, 황색은 지상의 색, 적색은 내면에서 목적을 지향하는 열정의 색이다 하는 식으로 자신의 그림에 스스로 의미를 붙이지 않았다. 마찬가지로 도형에서 선은 무한의 운동 가능성, 점은 작은 세계, 원은 코스모스적인 무한의 가능성이라고 의미 부여를 하지 않았다. 그럼에도 칸딘스키에게 있어서 도상해석학은 가능하다. 정확하게는 색채해석학, 도형해석학으로 불러야 할 것이다.

그러나 예술작품은 내적인 생명력의 유희가 가능하다면, 그것만으로 제작자의 총체적인 의도를 넘고 시대의 가치관의 총체를 넘어서 그 생명력을 풀어놓는 것이 가능하다. 앞의 인용문에서 칸딘스키는 모차르트의 작품에 대해서 "우리와는 연이 없는 과거의 음악"이라고 기록했지만, 그의 생각과 다르게 바우하우스 시대의 추상화는 파리 시대 부정형 도상의 추상화와 더불어 모차르트적이라고 생각한다. 그것은 '기쁜 휴식과 위안을 주는 그림'이란 의미에서가 아니다. 중심을 상실했지만 제반 요소가 긴박한 상태로 부유하는 투명한 유희가 표출되고 있다는 의미에서 그렇다는 것이다.

6 장

사상은 가벼움으로 회화와 만난다: 톰블리와 바르트

톰블리의 세계

지중해, 배, 전쟁

서양 미술에서 모더니즘이 무엇인지를 깊이 있게 사색한 화가로 사이 톰블리(1929
~)를 꼽을 수 있다.

톰블리는 미국 버지니아 주 렉싱턴에서 태어났다. 그는 보스턴·뉴욕 등의 미술학
교와 노스캐롤라이나 주의 전위적인 예술가 양성기관 블랙마운틴 칼리지에서 그림
공부를 한 뒤에 추상화 제작의 길로 들어섰다. 1957년 로마로 이주하면서부터 과거
지중해 문명에 관심을 갖기 시작했으며 신화의 세계, 문학, 역사에 관한 고유명사를
그림의 제목과 헌사에—때로는 화면에도—기재하여 독특한 낙서풍의 선필화 세계
를 확대시켰다.

지중해 세계를 향한 그의 관심은 이윽고 배에 대한 애착으로 향했다. 1986년에는
항구가 있는 로마 남쪽으로 옮겨가서 바다를 앞에 두고 명상에 심취했고, 배를 표현
한 조각과 회화를 차례차례 제작했다.

화가는 하루 종일 배가 떠나는 것과 들어오는 것을 한가하게 바라보는 것을 좋아했다. 티레니아 해를 바라보는 가에타 언덕에 있는 그의 아틀리에에서는 어선·화물선·유람선·요트·페리 등 실로 다양한 선박이 왕래하는 것을 볼 수 있었다. 그 중에는 거대한 군함도 포함돼 있었다. 가에타는 미국의 제6함대 사령부가 위치한 곳이다.

화가가 태어난 고향 버지니아는 독립전쟁의 종결지이자 남북전쟁 당시 남군의 거점이었고, 지금은 미국 유수의 사관학교 소재지로 전쟁의 추억과 기개가 각인된 곳이다. 그래서인지 톰블리의 그림에서는 자주 신화와 역사라는 제재를 매개로 전쟁의 테마가 어렴풋이 보인다.

톰블리는 군에 복무하기는 했지만 군대에서도 그림을 지속적으로 그렸다. 전쟁에 대한 그의 자세는 양면적이었다. 아니 정확히 말하면, 그는 호전적인가 반전적인가 하는 양자택일을 넘어서 전쟁 속에서 생의 근원을 보았다.

결국 과거의 지중해 세계에 대한 관심, 배에 대한 애착, 그리고 전쟁에 대한 깊은 통찰이 레판토 해전이란 하나의 사실과 결합되어 유례가 드문 걸작 《레판토》(2001, 컬러 화보 참조)를 창조하게 만들었다.

레판토 해전

레판토 해전은 1571년 10월 7일 그리스의 코린토스 만에서 일어난 것으로, 에스파냐·베네치아·로마 교황청의 연합함대와 오스만투르크의 대함대 사이의 대전이었다. 지중해 제패를 목표로 5시간에 육박하는 격전이 벌어졌는데, 결과는 연합함대의 완승으로 끝났다. 오스만투르크 측은 250척의 함선 중에서 200척 이상이 손실되었으며 1만 5천 명 이상의 사망자를 내어, 이후 '침몰한 함대의 전투'라고 부르게 된다.

이 해전은 언뜻 보면 서양의 그리스도교 문명과 오리엔트의 이슬람교 문명권의 충돌이었다. 당시 지중해의 그리스도교 문명권에서는 르네상스의 기운이 높아져서 고대 그리스-로마의 이성주의적 문화유산과의 연속성 속에서 서양 문명을 포착하고, 그 우월함을 과시하는 경향이 강했는데, 레판토 해전에 참가한 그리스도교 국가들도 이런 경향을 추종했다. 16세기에 에스파냐에서 만들어진 네 장짜리 태피스트리 연작(현재 도리아 판피리 미술관 소장)도 이런 영향으로 만들어진 것이었다. 톰블리는 레판토 해전을 표현한 그 태피스트리를 보고 자극을 받았다. 그러나 그의 연작은 에스파냐의 태피스트리처럼 상단에는 그리스도교 천사(최후의 심판의 개시를 알리는 나팔을 가진)가 있고, 중간에는 고대 신화의 신들이 있고, 하단에는 사로잡힌 괴물들이 있는 당시의 지중해 문명관과는 다른 차원을 지향하고 있다.

톰블리의 《레판토》

2001년 국제미술전(베네치아 비엔날레) 당국은 전시실 하나 전체에 톰블리의 《레판토》를 걸었고, 이 연작은 '황금사자상 작가상'을 받았다. 정확히 바라보면, 여기서 레판토 해전에 보내는 베네치아의 자기애를 읽어낼 수도 있을 것 같다. 그러나 톰블리의 작품 자체는 기독교 문명권에 대한 오마주도 베네치아의 과거에 대한 치장도 아니다.

지중해와 배와 전쟁. 이것은 톰블리에게 생의 가벼움을 전해준다. 이런 가벼움은

■ 레판토 해전을 묘사한 태피스트리
16세기, 로마 도리아 판피리 미술관 소장

경박함과는 다르다. 오히려 심도 있게 감지된 생의 흐름이다. 르네상스의 인문주의자들이 강조했던 조화미·절도·명료함이 표면적으로 고통스럽고 억압적으로 감지되는 생의 분방한 흐름인 것이다. 이런 흐름은 탁류와 비슷하며 이윽고 혼미·모순·대립·긴장을 드러낸다. 톰블리는 '아르카디아' '베르길리우스' 등 지중해 문명을 상기시키는 고유명사와 르네상스 인문주의자들이 존중했던 고유명사를 화면에 난잡하게 써 넣어, 그런 고유명사의 근저에 흐르는 가볍고 혼탁한 생을 그 상태로 표현했다. 70세가 넘어서 그린, 가로 4미터 세로 3미터 캔버스 12매 연작인 《레판토》는 그와 같은 생의 가벼움에 의지해서 가벼움을 표현하고자 노력한 필생의 대작이다.

회화의 모더니즘

창구로서의 그림의 의미

나는 뮌헨의 알테 피나코테크에서 《레판토》를 체험했다. 앞에서 말했듯이 알테 피나코테크는 르네상스와 고전주의 회화 상설관이다. 현대 화가의 신작이 이곳에 특별 전시된 이유는 그것이 역사화로 간주되었기 때문이거나 아니면 레판토 해전이 연대적으로 상설 전시작품들과 같기 때문인 듯하다.

나는 상설 전시된 작품들을 보면서 솔직히 진저리나는 기분이 들었다. 신화화·종교화·역사화·초상화. 대체로 평범한 작품임에도 불구하고 단지 수가 많다는 이유만으로, 중후하고 존엄하게 보이기 위해 꾸민 것 같다는 생각이 들었기 때문이다.

그러나 세로로 LEPANTO라고 씌어진 특별 전시실의 큰 문을 열었을 때, 나는 반대로 현대 회화 특유의 불가함과 고립된 섬 같은 느낌에 당황스러웠고 가혹하다는 느낌을 받았다. 물감을 흘러내리게 한 것 같은 모양이나 색은 과연 무엇인가? 화려한 황색으로 이것을 자극하는 방사형의 무리는 무엇인가?

그럼에도 불구하고 이윽고 시선을 끌며 내 안의 거부감을 사라지게 만들고, 사방을 에워싼 12매의 커다란 캔버스에 사로잡히는 듯한 느낌이 엄습했다. 불쾌감은 언제부터인가 쾌감으로 바뀌었다. 이런 변화는 그림의 의미를 마음속으로 이해했기 때문이었던 것 같다. 즉 형태가 있는 것들은 당시의 함선이며 그것들 다수가 불타고 있는 듯하다는 생각이 뇌리에 스쳤을 때 생겨난 변화였던 것 같다.

이 작품에 있어서 이렇게 이해된 의미는 입구에 불과했으며, 그 입구의 완성된 상태는 언뜻 봐서는 너무나 조잡했다. 제목은 퉁명스럽고, 배의 형상·노·돛 등은 난잡하게 묘사되었으며, 배경 바다에는 도중에 칠하다 만 것 같은 부분도 있었다.

인상파가 출현하기까지, 즉 미술의 모더니즘이 출현하기까지 이와 같은 것은 존재하지 않았다. 르네상스, 고전주의의 회화는 무엇이 묘사되든 그 화면이 의미하는 것을 가능한 한 명확하게 하려고 했다. 한 장의 화폭의 세계를 의미의 세계에 한정하려 했다. 도리아 판피리의 태피스트리처럼, 해전도라면 그 해전의 모습을 충실하고 명확하게 설명해야만 했던 것이다. 만약 회화에 무의미한 것, 불가해한 것이 생성되는 경우가 있다면, 그것은 원칙적으로 화가의 의도에도 불구하고 그렇게 된 것뿐이었다.

그런데 톰블리의 《레판토》에서 레판토 해전이란 의미는 겨우 입구 내지 계기 정도의 역할을 할 뿐이다. 화가의 의도는 의미 저편을 향하고 있다. 아니 오히려 무의미한 것이 흘러넘치는 듯 보인다. 그의 《레판토》는 레판토 해전이면서 그 이상의 것을, 지중해 세계이면서 그보다 넓은 무엇인가를 표출시키고 있다. 마치 의미 있는 것이 무의미한 것의 풍요로움에 의해 소멸되는 듯한 느낌이다.

■ 〈레판토 IX〉
사이 톰블리, 2001년, 뉴욕 가고시안 갤러리 소장

원근법

원근법적 표현 등은 흔적조차 없다. 원근법적인 표현은 인상파의 출현과 더불어, 미술의 모더니즘과 더불어 붕괴하기 시작한 회화의 요소다. 톰블리에게는 그 형해도 남아 있지 않다. 《레판토》의 12매 캔버스 중 8매까지는 뱃전을 보이면서 항해하는 배들의 그림이다. 수평선 없이 푸른 수면만 있는 그 구도에는 도리아 판피리 태피스트리의 부감표현이 약간 영향을 끼치고 있지만, 16세기의 도상에서는 르네상스기의 원근법표현이 엄밀하지 않은 상태로 답습되고 있다. 오히려 염두에 두고 있는 것은 가에타 언덕의 아틀리에에서 바라본 만의 조망이며, 그것도 화가의 명상적인 비전으로서의 조망이다.

현실의 원근법적 조망은 '보는 주체'의 초점을 근거로 확장되는 3차원의 비전이다 (주변의 애매함에 대해서는 지면관계상 지금은 언급하지 않겠다). 눈을 뜨고 이 비전을 만들어내는 것은 말할 것도 없이 각각의 인간이며, 그런 한도 안에서 우리들은 3차원의 비전에 관여한다. 그러나 실제로 우리들은 이 비전으로부터 자신을 유리시켜 그것을 하나의 물적인 시상으로 활용하고 있다. 객체도 개별적이고, 주체도 개별적으로 분리된 관계 속에서 주체는 자신의 연명 혹은 번영을 위하여 이 시상을 이용한다.

우리가 일상적으로 의식하지는 않지만 이기적으로 의존하는 원근법의 물적 3차원 시상을, 15세기 이탈리아 르네상스기의 예술가들은 과학적으로, 특히 기하학적으로 처리하면서 그 원리를 구명했으며 회화라는 2차원 평면에도 투영시켰다.

이 경우 3차원 시상과 화폭 위의 원근법표현의 관계는 전자가 주가 되며 실상에 가까운데 반해서, 후자는 부차적이며 허상이다. 인상파 이후 미술의 모더니즘이 원근법표현을 혐오했던 이유가 여기에 있다. 앞에서 지적한 의미에 대한 거부 이유도 같다. 의미의 설명에 회화가 도구로 사용되는 것에 대한 거부인 것이다. 미술의 모더니즘에 의하면 회화는 부차적이고, 허상이며, 수단이 되는 것이 아니라 자율적이며, 자기 목적적으로 회화 고유의 세계를 실현해야만 하는 것이다.

두 가지의 모더니즘

나는 지금, 두 가지 모더니즘을 문제로 설정한다. 르네상스를 하나의 원점으로 하는 서양 문명의 모더니즘에서는 예술가도, 향수자도 원근법적 표현을 받들었다. 눈속임이지만 공간을 평면에 담으려는 것에서 객체와 자연에 대한 인간의 장악력이 발휘된 것으로 간주됐기 때문이다. 그 배경에는 서양 근대인의 인간중심주의와 그것과 동심원적으로 넓어진 서양 근대 문명의 자문화중심주의가 존재한다. 즉 그리스도교도인 서양인을 독선적으로 고등한 '인간'으로 바라보고, 타자인 이교도나 다른 문명, 자연을 억압할 객체로 취급하고 실제로 그렇게 다루었다. 자기 문명의 발전을 위해 이용했던 서구 문명의 모더니즘은 원근법표현을 받드는 모체였다. 확실히 레판토 해전의 태피스트리는 주제와 묘사방식에서 서양 문명 초기의 모더니즘을 드러내고 있다.

톰블리가 원근법적 표현을 거부한 것은 미술의 모더니즘을 사상의 과제로 계승한 측면을 갖고 있으나 그것은 내포적인 것이다. 다양한 인상파 화가들은 본능적으로 혹은 다양한 우여곡절을 거치며 원근법적 표현에서 이탈해갔다.

현실에서 원근법의 비전이 우리들 속에 제대로 형성되지 않는 것은 어느 때일까? 내가 주목하고 싶은 것은 정념의 동요로 인해 주체의 의식이 개체로서의 일체성을 확보하지 못할 때이다. 이럴 때 주객의 분리는 한층 애매해지고 주체는 외적 세계에 매몰된 상태가 된다.

파리의 오랑주리 미술관 벽면을 장식하고 있는 클로드 모네(1840~1926)의 연작 《수련》은 그와 같은 찰나를 묘사한 작품이다. 우리들은 통상 원근감을 발휘해 수면에 있는 수련의 꽃과 잎, 수면에 반사된 흰 구름과 푸른 하늘을 식별하는데, 모네는 그와 같은 주체중심주의적인 방식에서 탈피해서 그것들이 자유롭게 자신의 존재를 주장하도록 우주 속에 던져 넣었다. 톰블리가 가에타 만의 바다와 그곳을 항해하는 배를 보고 있었을 때도 그와 유사한 우주적인 비전에 몰입해 있었던 것이다.

어쨌든 오랑주리의 《수련》의 경우도 그렇지만 알테 피나코테크의 《레판토》 역시 보는 사람은 캔버스의 압도적인 크기로 인해 원근감을 발휘하는 것이 불가능하며, 싫든 좋든 톰블리의 탈자아적 우주 체험 속으로 빨려들어가게 된다.

톰블리의 표현

죽음을 접하고 빛날 것인가, 죽은 것처럼 연명해갈 것인가

톰블리의 《레판토》를 좀더 봐두자. 화가는 이 12장의 그림을 좌에서 우로, 해전의 추이에 따르듯 제작했으며 그와 같이 전시했다. 때문에 이 작품에는 이야기가 있다. 그러나 레판토 해전이란 의미가 조잡하게 다루어지는 것과 마찬가지로 이야기도 빈약할 정도로 단순하게 설정돼 있다. 즉 전투에 의해 배가 불타는 것이 격화되어가는 과정이랄까, 아니 이런 표현도 과장됐다고 말할 수 있을 정도다. 그리고 그림 한 장한 장이 이야기에 순조롭게 대응하고 있는가를 생각해보면, 그렇지가 않다. 즉 모순과 대립이 있다. 12장 중에서 1, 4, 8, 12번째의 그림은 불타고 있는 배를 상공에서 내려다본 그림이다. 방사형의 선체는 황색으로, 적색으로 불타오르고 피 같은 진홍색과 숯 같은 검은 줄이 항해의 흔적으로 남겨져 있는 듯하다. 이와 같은 4장의 그림 사이에는 앞에서 문제 삼았던, 옆에서 본 배 그림이 2-3, 5-6-7, 9-10-11번째 사이에 삽입돼 있다. 어쨌든 이 순서에 따라 배의 피해가 증가하고 있고, 모순도 드러나고 있다. 즉 이야기는 좌에서 우로 진전되고 있는데, 다양하게 묘사된 배는 노의 방향과 깃발의 방향으로 판단할 때 역으로 오른쪽에서 왼쪽으로 향하고 있다. 모든 그림이 이야기의 흐름에 종속돼 있는 반면에 그와 같이 흐름에 저항하는 자율성도 드러난다.

가장 큰 모순은 상공에서 본 그림도 옆에서 본 그림도, 격렬하게 타오르는 배들이 죽음을 전하면서 생의 근원적인 광휘를 발산하는 것이다. 황량한 죽음의 국면에서 생의 불꽃이 빛나는 것이다. 이에 반해서 상처 없이 승리한 배 쪽은 반대로 생기를 잃고 죽은 것처럼 보인다. 단지 바다로 소멸해가는 듯 엷은 선만으로 묘사되고 있어서 유령선 같은 모습이다. 생을 단지 연장해가는 것에서는 어떤 생명력도 느낄 수가 없으며 보잘것없는 것이라고 톰블리는 말하고 있다. 개체의 연명을 존중하는 르네상스 이후 서양 문명의 미학이 생명을 부정하는 요소를 본질적으로 내포하고 있음을 톰블리는 간파하고 있었다.

두 가지의 모순이 존재한다. 죽어가면서 생의 극한을 산다는 모순. 그리고 연명하는 것에 성공했지만 죽은 것처럼 존재한다는 모순. 톰블리는 명확하게 전자의 모순에 가담하고 있다. 그것도 전력을 다해서. 그 때문에 전자의 표현, 즉 불타오르는 배의 표현방식에는 그의 생명력이라기보다 그를 통과해가는 우주적인 생명력이 흘러넘친다.

생의 빛을 그림으로 표출시킨다

톰블리가 사용한 두 가지 기법을 소개해두겠다. 우선 '드리핑(물방울을 떨어뜨리는 듯한 표현)'이다. 이것은 미국 추상표현주의의 대표적 화가 잭슨 폴록(1912~1956)이 사용한 것으로 펼쳐놓은 대형 캔버스 위에 붓으로 물감을 떨어뜨리거나 붓는 표현법이다. 사고의 조작이 개입되기 어려운 직접적인 행위성 때문에 '액션 페인팅'으로도 불린다. 《레판토》의 드리핑 표현을 보면 바다 자체가 되풀이해서 격렬하게 요동치는 것처럼 보인다. 불타오르는 배를 파열시키고 우주의 생명이 엄청나게 흘러나오는 것 같다.

다음으로 주목해야 할 표현법은 손바닥과 손끝에 물감을 묻혀 직접 화폭에 대거나 그 상태로 화폭을 스치는 방법이다. 왼손 엄지를 세우고 다른 손가락은 모은 채로 손바닥 쪽을 화폭으로 들이밀어 심홍색의 배 그림자를 만든다. 황색 물감을 바른 검지, 중지, 약지를 구부려서 불꽃의 요동침을 표현해낸다. 이런 묘사방법 자체는 선사 시대 동굴벽화에서도 볼 수 있지만, 톰블리의 경우는 육감성이 강하게 드러나며 추잡하고 에로틱한 느낌을 준다. 죽음의 비극으로부터 용솟음치는 생명의 과잉으로 에로티시즘이 더해지는 것이다. 원래 에로티시즘은 죽음과 과잉된 생의 회색지대에서 표출되는 현상이다. 에로티시즘에 민감했던 화가 톰블리에게 이것은 이미 자명했을 것이다.

이와 같은 격렬한 생과 사의 뒤섞임이 지중해 세계와 도대체 얼마만큼 관계가 있을까? 고대 그리스 문명으로 거슬러 올라가 살펴보자.

고대 지중해 세계로부터

헤라클레이토스가 본 그리스

톰블리의 《레판토》에 표출된 것은 르네상스 이후의 서양 근대 문명에 받아들여졌던 이성주의적인 고대 그리스 세계가 아니라 고대 지중해 세계의 면모이다. 이에 대해서는 에페소스의 철인 헤라클레이토스(기원전 500년 전후)의 귀중한 증언이 있다.

> 만약 행렬을 짓거나 찬가를 부르거나 하는 것이, 디오니소스를 위한 것이 아니라면 그들의 행위는 부끄러움을 모르는 것이다. 그들이 디오니소스에게 바치는 광란의 기쁨과 어지러운 춤은 제례를 행하는 것이지만, 디오니소스와 하데스는 동일한 존재인 것이다.(단장 15)

헤라클레이토스는 날카로운 눈으로 과잉된 생의 신 디오니소스와 죽은 자들의 나라의 신 하데스를 동일시했다. 에로틱하게 광적인 생이 죽음의 모습과 무섭게 중첩

되어 있음을 잘 알고 있었던 것이다.

디오니소스 신도 하데스 신도 그리스 일대 선주민족의 자연숭배에서 기원을 찾아볼 수 있다. 선주민족이 믿었던 신들은 대지와 같은 차원에 혹은 대지의 내부에 혼연히 살아 그 속성(풍요·창조·파괴·폭력·광기 등)을 막연하게 공유하고 있었다. 디오니소스 신은 식물(특히 도취식물)과 동물의 생명을 관장하는 신으로 삼림과 들판, 동굴의 입구 등에 자주 출몰해서 인간을 광란으로 유도한다고 생각했다. 실제로 이런 곳에서 디오니소스에게 신들린 신녀들은 관솔불과 지팡이를 들고 광희난무하면서 행렬을 짓고 따르는 미소년들과 음탕하게 놀아났으며, 자신들의 젖을 먹는 아이를 찢어 먹는 근원적인 생육식에도 빠져들었다.

헤라클레이토스는 이와 같은 광기를 긍정한 것은 아니었지만, 선주민족과 마찬가지로 이 세계의 이법을 자연계 속에서 파악하고 있었다. 만물은 유동하고 대립하며 길항하고 투쟁하면서, 상호 연속성과 전체의 일체성을 실현한다는 것이 그의 세계관이었다.

플라톤과 아리스토텔레스

그 후에 등장한 플라톤(기원전 429~347)은 토착적인 자연숭배도, 헤라클레이토스의 자연철학도 부정하고 초월적인 이데아(관념)로 지적인 관심을 표명했다. 이런 발상의 근원에는 기원전 2000년경부터 간헐적으로 그리스 지역에 침입하기 시작한 북방 아리안족 특유의 초월적 절대신(제우스) 신앙이 있었다.

플라톤은 회화예술도 부정했다. 한 척의 배를 볼 때, 시각에 맺힌 상은 보이는 한에서의 배만을 드러내고 있지 않다. 그것을 배라고 이해하는 것은 뇌리에 배 전체의 모습, 즉 전체적인 면을 이데아로서 관상하고 있기 때문이다. 회화는 일면적이며 불완전한 우리들의 시각적인 상을, 인간들의 3차원적인 착각을 끌어들여 평면에 재현한다. 화가는 이데아의 환영(판타즈마), 즉 시상을 모방하여 환영을 만드는 것이다. 플라톤이 화가를 "본성(실재)으로부터 멀리 떨어져 있으며 제3의 작품을 생산하는 자"(『국가』)라고 비난하는 이유가 여기에 있다.

플라톤은 이데아를 에이도스(eidos, 형상)라고 표현하기도 했는데 제자인 아리스토텔레스(기원전 384~322)는 에이도스를 사물들, 특히 생물들의 내적인 본질로 파악한다. 또한 플라톤은 미메시스라는 모방적 묘사를 이데아로부터 멀리 떨어져 있는 것으로 비난한 데 반해서, 아리스토텔레스는 미메시스를 에이도스를 실현해가는 운동으로 파악했다. 식물의 씨앗은 꽃의 형상과 과실의 형상을 잠재하고 있으며, 이것이 성장과 더불어 현실화되는 것처럼 예술가의 미메시스도 대상의 형상을 구체적으로 드러내는 행위라고 보았던 것이다.

아리스토텔레스의 예술론은 『시학』이며, 그것은 서양 고전주의의 성전이 된 작품이다. 여기서 비중 있게 다루어지는 것은 비극이다(고대 그리스 비극은 운율을 포함한 시적 표현이다). 그렇지만 아리스토텔레스가 중시했던 것은 감정의 정화와 더불어 완결되는 비극의 뼈대를 세우는 것과 이야기 구성이었지, 관객에게 공포감을 북돋는 등장인물들의 성격이 아니었다. 니체가 그리스 비극의 근원으로 주목했던 합창단의 노래와 무용도 주목 대상이 아니었다. 아리스토텔레스에게 본질적인 것은 디오니소스적인 혼란과 모순이 아니라 형태, 혹은 형태를 목표로 나아가는 생명의 움직임이었다. 이런 움직임을 맡은 것은 '부동의 동자(스스로는 움직이지 않으면서 다른 것을 움직이는 자'에 해당하는 초월신으로 간주되었으며, 이런 측면에서 아리스토텔레스도 플라톤과 마찬가지로 관념론자라고 부를 수 있다. 그렇지만 형상의 실현을 중시했던 아리스토텔레스의 사고방식이 진정한 서양 고전주의 미학의 기본이며, 이 미학을 채용한 서양 모더니즘의 기본이다.

『시학』 속에서 회화는 비극의 본질과 연관되어 다루어진다. 즉 선에 의한 윤곽은 비극의 뼈대와, 색채는 등장인물들의 성격과 결부된다. 비극시인이 줄거리를 세우는 데 가장 신경 써야 하는 것처럼, 화가는 윤곽과 구도를 가장 중요하게 생각해야 한다는 것이다.

> 가령 누군가가 극히 아름다운 색색의 그림도구를 사용해 묘사했다 하더라도 단지 그림도구의 흐름에 맡겨진 구도도 없는 채색이라면, '그림의 즐거움'인 대상의 형태적 윤곽만을 소묘한 그림이 일으키는 기쁨과는 비교할 수가 없을 것이다.(『시학』)

단순화시킨다면, 아리스토텔레스의 회화관은 선과 색채의 식별을 설정하면서 선을 우월한 것으로 생각하고 있다. 선이 에이도스에 관계하고 있기 때문이다. 색채가 관계하는 것은 질료이다. 정형화되지 않은 진흙과 물이 여기에 해당한다. 디오니소스적인 과잉한 생도 이것과 연결된다. 그리스의 토착적인 자연숭배, 헤라클레이토스의 자연철학의 원점이 된 것이 바로 질료인 것이다.

고대 그리스의 자연철학과 자연숭배는 아르카이크 시대(기원전 6세기)까지 융성하다가 그 후 고전 시대(기원전 5세기)와 헬레니즘 시대(기원전 4~3세기)에 들어서면 플라톤·아리스토텔레스의 관념철학이 등장하고, 기하학적으로 장대한 신전 건축·극장 건축·균형 잡힌 육체를 드러내는 신들의 조각이 두드러진다. 이런 것들은 침략 민족인 아리안족의 미의식을 기원에 두고 있다. 초월신을 지향하는 것을 넘어서 조형성·체계성·계층성에 대한 선호와 이지적인 미의식이다.

르네상스 이후의 전개

15세기 이탈리아의 예술가들과 인문주의자들이 가장 주목하고 계승하려 했던 것은 고전 시대 이후의 이성주의적인 문화유산이다. 다 빈치와 동급으로 간주된 '만능한 인간' 알베르티(1404~1472)는 아리스토텔레스와 마찬가지로 선의 미학을 주장했다. "뛰어난 윤곽이 묘사되지 않는다면 어떤 구도도 채광도 칭찬받을 수 없다. (한편) 뛰어난 윤곽 하나만으로, 즉 뛰어난 데생 하나만으로 큰 즐거움을 얻는 것은 드물지 않다."(『회화론』, 1436) 채광을 색채로 생각했던 알베르티는 명확한 선으로 묘사된 윤곽을 중시했다. 게다가 후기 이탈리아·르네상스를 대표하는 종합 예술가 바사리(1511~1574)는 『예술가 열전』(1568) '기법론'에서 회화·건축·조각을 '세 가지 소묘력의 예술'로 다루었다. 소묘력이란 물론 윤곽선을 그리는 능력을 말한다.

이와 같은 선의 미학은 19세기 프랑스의 신고전주의까지 조형예술의 근본 이념이었다. 그러다가 19세기 후반에 등장한 인상파에 의해 본능적으로 혐오되었다. 선의 미학, 달리 표현하면 명료한 윤곽선에 의한 형태의 미학은 회화의 자율성을 부정하는 원흉으로 간주되었고, 인상파 이후의 모더니즘에서 색을 취하는 다양한 유파, 즉 야수파·입체파·쉬르리얼리즘·추상표현주의에서도 마찬가지였다. 인상파 이후의 미술의 모더니즘은 색채로 회화의 독자적인 본질을 드러냈고 형태를 해체시켰던 것이다. 고정된 형상의 도상에 색채의 자유를 부여해서 회화의 자율성을 확보하려 했다. 때문에 명료한 형태를 중시하는 건축, 조각과의 연관을 끊게 되었다.

그렇다면 선필표현으로 추상화의 세계로 들어가 색채 추구에 오랜 기간 무관심했던 톰블리는 미술의 모더니즘과 어떤 관계가 있었던 것일까? 여하튼 그는 모더니즘적인 화가인 것일까? 미국의 미술평론가 클레멘트 그린버그(1909~1994)의 중요한 논문에 근거해서 이 점을 생각해보자.

추상표현주의

그린버그의 미술평론

그린버그는 '20세기 최대의 미술평론가'로 평가받는다. 그 이유는 동시대 미국의 화가들, 특히 추상표현주의 화가들의 작품을 적극적으로 평가했고 그들을 위한 기획 전시를 차례차례 열었으며, 2차 세계대전 후 미국에 새로운 화단을 키우고, 마침내는 뉴욕을 파리를 능가하는 현대 미술의 메카로 끌어올리는 데 일조했기 때문이다. 때문에 미술의 모더니즘에 대해 그가 생각했던 방식도 미국에서 큰 영향력을 행사했다.

다음은 1960년에 발표된 논문 「모더니즘 회화」의 앞부분이다.

서양 문명은 자기 자신의 여러 기반을 반성하면서 의문을 던지는 최초의 지역은 아니지만, 그렇게 하는 것을 무엇보다 골똘히 생각한 문명이다. 나는 모더니즘을 철학자 칸트에 의해 시작된 자기 비판적 경향의 강화, 그만두는 게 좋을 정도로 격화된 이런 경향과 동일시하고 있다. 그는 비판의 방법 그 자체를 비판한 최초의 인물이었으며, 그러므로 나는 칸트를 최초의 진정한 모더니스트라고 생각하고 있다.

생각해보면 모더니즘의 본질은 어떤 규범 그 자체를 비판하기 위하여—그것을 파괴하기 위한 것이 아니라, 그 권능이 미치는 영역 내에서 한층 더 그것을 단단하게 확립하기 위하여—그 규범에 독자적인 방법을 활용하는 것이다. 칸트는 논리의 한계를 입증하기 위해 논리를 활용하고 과거의 논리의 지배권으로부터 많은 것을 철회시켰지만, 그럼에도 잔존해 있는 것을 변화시켜 남아 있는 것을 한층 평화롭게 소유하는 상태에 논리를 놓아둔다.

칸트(1724~1804)는 오히려 고전주의적 미학, 즉 서양 문명의 모더니즘에 들어맞는 선의 미학을 지지했던 철학자다. 그의 『판단력 비판』(1790)에 의하면, "회화, 조각예술, 그리고 모든 조형예술, (게다가) 미술인 한도에서의 건축예술 혹은 정원술에서 본질적인 것은 선묘다. (…) 소묘를 채색하는 색은 매력에 속한다. 이런 색은 대상 그 자체에 감각에 대한 활기를 부여하지만, 대상 자체의 관조에 부응하는 아름다운 것이 되는 것은 불가능하다."

그린버그는 이와 같은 고전주의적인 칸트를 버린다. 대신 칸트의 '비판' 개념이 미술의 모더니즘에 본능적으로 실천되고 있다고 생각했다. 칸트의 '비판'은 그린버그가 말한 것처럼 대상을 단지 비난하거나 파괴하는 행위가 아니라 선별적으로 분리하는 행위, 즉 그 대상 속에서 본래적인 것을 파악하고 비본래적인 것으로부터 구분해내는 행위이다. 인상파 이후의 모더니즘적인 화가들이 본능적으로 회화를 '비판'하고 건져낸 회화의 본래적인 것은—그린버그에 의하면—색채가 아니라 회화의 평면성, 즉 2차원성 그 자체였다.

　마네와 인상파 작가들은 선묘 대 색채로 문제를 정의하는 것을 중단시키고 대신 촉각적인 연상에 의해 수정되거나 변용된 시각적 경험에 대항하는 것, 즉 순수한 시각적 경험을 문제로 삼았다. 인상파 작가들이 조각을 암시하듯 음영을 활용하는 방법과 입체감을 드러내는 방법, 그리고 그 외 모든 것을 서서히 제거해갔던 것은 순수하게 말 그대로 시각적인 문제 때문이었지 색채의 문제 때문이 아니었다.

톰블리를 묵살했던 그린버그

이와 같은 상황이라면 톰블리의 선필화도—1950년대 것부터—빼어난 모더니즘 회화로 분류돼야 할 것이다. 그러나 그린버그는 톰블리에 대해서는 침묵을 지속했다. 그 이유는 1962년에 발표된 그의 논문 「추상표현주의 이후」에 어렴풋이 드러난다. 그린버그가 평가했던 화가는 마크 로스코(1903~1970), 크리포드 스틸(1904~1980), 바네트 뉴먼(1905~1970) 등으로 그들은 모두 '올 오버(전면을 덮는 것)' 기법을 특징적으로 구사하며 '컬러 필드 페인팅(색면회화)'의 선구자들이다.

　　그 이전의 회화적인 예술과 마찬가지로, 추상표현주의도 최후에는 색채의 역할을 축소시켜 제작되었다. 물감의 농도에—내가 언급한 것처럼—따라 다양한 명암의 차이가 발생하고, 이것은 색채로부터 그 순수함과 충일함의 두 측면을 빼앗는다. 개방성은 회화적인 것의 또 한 가지 목적인데, 물감을 생각 없이 쓰는 것은 회화의 표면을 빽빽하게 채운 정글 속으로 밀어 넣는 결과로 끝나고 만다. 이 정글은—드 쿠닝과 그의 후계자들에게서 보이는 것처럼—아카데믹한 큐비즘으로 몰아넣는 수법의 또 다른 변형이다. 스틸, 뉴먼, 로스코는 추상표현주의의 회화적인 수법으로 얼굴을 돌리고 있다. 마치 회화적인 것의 목적—색채와 개방성—을 회화적인 것 자체로부터 구해내려는 듯.(「추상표현주의 이후」)

그린버그 미술비평의 중요한 개념인 '페인터리(painterly)'는 스위스의 미술사가 하인리히 뵐플린(1864~1945)이 그의 저서 『미술사의 기초 개념』(1915)에서 사용한 단어 말러리슈(malerisch)의 영어 번역으로 '회화적'이란 의미다. 뵐플린은 이 단어로 바로크 회화의 특징을 지칭하고, 선적인 미를 지닌 고전주의 회화와는 다른 회화의 소재를 명시하려고 했다. 어쨌든 그린버그는 선보다 색채를 중시하고, 색채에 회화 고유의 미가 있다는 입장을 '페인터리'라는 말의 기저에 깔아두고 있다. 즉 그린버그는 공간성을 상기시키지 않는 이차원적인 시각 경험의 장으로서의 색채회화, 색채가 개방된 평면에서 넘쳐흐르는 동시에 깊은 환각을 느끼게 하는 색채회화(그는 특히 잭슨 폴록의 추상표현주의 작품에서 그 환각을 감지했다)를 뛰어난 모더니즘 회화로 간주했던 것이다. 이와 같은 상황에서는, 추상화이지만 선필화에 몰두했던 톰블리를 평가할 수 있는 여지가 없었다. 또한 그가 미국을 떠났다는 사실은 추상표현주의를 '미국형 회화'로 강변했던 애국주의자 그린버그의 입장에서는 참을 수 없는 일이었다.

쉬르리얼리스트의 비판력

톰블리는 회화의 세계를 색채의 평면주의로 특화시키려는 그린버그 주도의 미국 화단에 대해 위기감을 느꼈다. 그러나 그에게는 미술의 모더니즘이 그와 같은 순수화에 주저앉지 않을 것이라는 확신이 있었다. 거기에는 블랙마운틴 칼리지의 회화 파트 지도자 로버트 마더웰(1915~1991)이 전해준, 쉬르리얼리즘 화가들의 문제의식도 영향을 주었다.

2차 세계대전 후에 미국 화단이 비약적인 발전을 하게 된 원인 중 하나는 불안정한 정치 상황 때문에 1930년대 후반부터 속속 건너온 유럽 전위화가들이 던져준 충격이었다. 대부분은 전쟁이 끝나자 다시 돌아갔지만, 그들의 존재는 미국 추상표현주의에 선구적인 역할을 했다고 할 수 있다. 그 중에서도 앙드레 마송(1896~1987, 체류기간은 1941~1945)과 로베르트 마타(1911~ , 체류기간 1939~1948)는 톰블리의 미학에 있어서 중요한 인물들이다. 실제로 마송은 미국에 건너와서 1920년대 쉬르리얼리즘기 동안 구사했던 자동기술적인 필선표현을 부활시켰으며, 마타는 내면을 부정형이며 유동적인 도상으로 재현했다.

그러나 마송과 마타의 중요성은 이와 같은 표현의 차원보다도 근원적인 비판의 차원에 있다. 마송은 1920년대 후반에 부르통 등의 주류파 쉬르리얼리스트와 결별했으며, 마타는 유럽으로 돌아온 직후에 부르통에 의해 쉬르리얼리즘 운동에서 제명되었다. 그러나 그것은 이들이 주류파의 누구보다도 쉬르리얼리즘의 비판정신을 강하게 밀어붙였다는 것을 증명하는 것이다. 바타유에 의거해 쉬르리얼리스트가 취한 행로를 '작품의 길'과 '존재의 길'로 구분해 이야기하면, 그들은 무의식층을 화려한 구체적 이미지로 재현하는 데 만족하는 '작품의 길'로 나아가지 않고, 무의식적인 충동의 모순을 겪는 '존재의 길'을 선택한 것이다. 특히 마송은 인간과 작품을 생성도 시키고 파괴도 하는 이와 같은 내면의 힘을 우주적인 생명력이라고 느끼고 그런 각도에서 지중해 세계를 조망했으며, 헤라클레이토스의 세계관에 공명해서 고대 그리스 신화를 탈아리안적으로, 즉 토착 신앙 회귀적으로 해석했다.

유럽 현대 예술가의 이러한 급진적인 태도에 충격을 받은 톰블리는 이미 그린버그의 칸트적인 '비판', 즉 '남겨진 것을' 위한 '비판'에 가담할 수 없었다. 그는 보다 근원적인 비판력의 길로, 즉 색채라는 선별된 회화의 본래성이나 색채를 중시하는 본래적인 표현법, 그리고 이것을 따르는 화가의 태도 등을 뒤집어버리는 생명력의 방향으로 기울고 있었다.

1952년 톰블리는 친구인 화가 로버트 라우센버그(1925~)와 함께 에스파냐, 북아프리카, 이탈리아 등의 지중해 연안지역을 돌아보았다. 1957년에 로마에 정착하게 된 것도 그 당시의 지중해 체험, 특히 지중해 세계의 '힐레(hýlē)' 즉 '질료'의 생명력에 이끌린 부분이 있다. 흙, 물, 빛, 대기. 아리스토텔레스가 '형상'에서 변별한 '질료'의 생명력에 매료된 그는 로마로 건너와서 한층 더 비판력을 높여서 가벼움의 미를 표현하게 된 것이다.

바르트와 가벼움의 미학

바르트의 톰블리론

프랑스의 현대 사상가 롤랑 바르트(1915~1980)는 만년에 아름다운 평론을 톰블리에게 보냈다. 「예술의 영지」(1979)라는 이 논문에서 그는 톰블리에게 있어서 그림의 소재는 '질료'이며 '가벼움'이라는 것을 빼어나게 설명하고 있다.

> 무엇보다도 먼저, 발생하는 것이다. (…) 연필, 안료, 종이, 캔버스다. 회화의 도구는 도구가 아니다. 톰블리는 소재를—무엇인가 역할을 하는 것이 아니라—영광 속에서 현현하는 절대적인 질료로서 드러낸다(신학의 용어로 신의 영광이란 신의 존재의 현현인 것이다). 연금술사들처럼 소재는 '제1질료(materia prima=원료)'이다. 이 '제1질료'는 의미의 분배에 앞서서 존재하는 것이다. (…) 화가의 창조력은 소재를 질료로서 존재시키는 힘인 것이다. 만약 캔버스에서 의미가 몇 가지 드러나도, 연필과 안료는 '사물'로 지속한다. 연필과 안료는 말하자면 강고

한 실체이며, 무엇보다 '드러나 존재하는 것'으로 그런 강한 욕구를 해소하는 것이 불가능하다.

톰블리의 예술은 사물을 현시하는 것에 존재한다. 그가 캔버스에 재현하는 사물이 아니라(그것은 또 다른 문제다), 그가 손으로 다루고 있는 사물을 현시하는 것이다. 즉 그런 하찮은 연필, 그런 모눈종이, 그런 보잘것없는 장미색, 그런 다갈색의 반점인 것이다. 그의 이런 예술에는 비결이 있는데, 그것은 대개의 경우 물질(목회, 잉크, 유채안료)을 칠하는 것이 아니라 **물질을 자유롭게 놓아두는 것**이다. 연필로 말하면, 보통 사람들은 이것을 종이에 누른 상태로 그 검은 외관을 짙고, 강하고, 두텁게 묘사한다. 그러나 톰블리는 반대로 생각한다. 질료로부터의 압력을 풀어놓고, 질료를 마음대로 유희하게 놓아둔다. 그러면 흑연의 입자가 조금씩 흩어지면서 질료는 그 본성을 드러내고, '이것이 연필이다'라고 그 확실한 이름을 우리에 말하는 것처럼 돼버린다. 조금 철학적으로 말하고 싶다면 이렇게 말해도 좋을 것이다. 사물의 존재는 사물의 무거움이 아니라 가벼움에서 드러난다고. 이것은 어쨌든 니체의 명제 "뛰어난 것은 가볍다"와 상통할 것이다. 실제 톰블리 정도로 바그너와 음악에서 멀리 떨어진 존재는 없다.

다음의 내용도 추가해두고 싶다.

톰블리의 예술은 모방하기 어려운 것이며, 특히 그의 예술은 지중해 효과란 소재(긁힌 상처, 스밈, 이야기, 하찮은 색채, 아카데믹한 형태의 부재)로부터 출발한다. 물론 그 소재는 지중해의 위대한 이성의 빛남과는 어떤 관계도 없다.

'질료'를 자유롭게 표출시킨다. 세계의 기저를 있는 그대로 드러낸다. 여기에 톰블리의 가벼움의 미학이 존재한다. 그러나 나는 바르트의 이런 해석도 약하다고 생각한다. 톰블리를 움직이는 지중해의 '질료'는 보다 격렬하고 폭력적이다. 해를 더해 갈수록 톰블리는 '질료'관을 심화시키고 있다. 연작 《사계》(1993~1994)를 보지 못하고 바르트가 타계한 것은 몹시 안타까운 일이다. 톰블리의 근래 작품에서는 선과 색채가 생산과 파괴의 강렬한 에너지를 발산하고 있다. 이것은 초기 바타유의 '낮은 유물론'을 생각하게 만든다.

바타유의 '질료'관

바타유는 그린버그 이전인 1930년에 미학·고고학 잡지 『르 도큐망』에서 미술의 모더니즘을 첨예하게 발전시켰다. '질료'(matière)를 지지하는 유물론자(matérialiste)에 대해서도 지적인 형상주의를 발견해서 비판하고 있다.

대부분의 유물론자는—모든 정신주의적 실체를 배제하려고 함에도 불구하고—관념론 특유의 세계관을 드러내고 말았다. 실제로 그들의 세계관은 상하 계층 관계에 의해 특징지어진다. 그들은 다양한 차원의 사항들을 전통적인 계층질서에 묶어두고, 그런 계층질서의 정점에 죽은 질료를 놓아두고 있다. 이와 같이 그들은 알지 못한 채로 질료의 관념적 형태에 대한 강박관념에 따르고 있다. 이런 관념적 형태에서 질료는 단지 존재해야 하는 것에 무엇보다도 가까운 형태의 것이 되고 만다.

■ 〈봄〉

사이 톰블리, 1993~1994, 뉴욕 근대미술관 소장 지중해 세계와의 대응이란 것에 있어서, 바타유의 '질료'관은 플로티노스 (205~270)의 그것과 유사하다. 물론 플로티노스는 플라톤과 아리스토텔레스의 관념론을 계승한 철학자이며, 바타유처럼 '질료'를 긍정적으로 보지 않았다. 플로티노스에게는 초월적인 '일자'가 선이고 빛이며 생명인 반면 '질료'는 악이며 어둠, 그리고 죽음이었다. 다만 플로티노스는 어두운 '질료'에서 생명을 감지했다. 아리스토텔레스의 규정 "아래에 수평으로 놓인 무엇(=기체)"(『자연학』)에 덧붙여 플로티노스는 플라톤이 말한 "지상계에 불가피하게 배회하는 제반 악"(『테아이테토스』)의 위협에 주목하고, 이미 파괴의 힘을 말하고 있다. "소재(=질료)는 그 속에 비추어진 것(즉 형상)을 지배하고, (형상의 특성과) 상반되는 소재 자체의 특성을 덧붙여서 그것을 파괴하며 소멸시키려 한다. 이 경우 '덧붙인다'고 말해도, 그것은 (예를 들면) 따뜻함에 차가움을 덧붙이는 것이 아니라 따뜻함의 형상(에이도스)에 소재 자체가 가진 형(形)의 없음을, 모양에는 모양이 없음을, 적절함을 가진 것에는 과다와 부족을 덧붙이는 것이지만……."(『악이란 무엇인가, 그리고 어디에서부터 생기는가』)

　바타유에게는 이미 상하의 계층성이 없다. 지성의 외부로서 '일자'와 '질료'는 혼연일체가 된다. '질료'는 빛나는 어둠이며, 형상과 의미를 생성시키는 동시에 소멸시킨다. 바타유에게는 언어도 '질료'이며, 그 움직임 아니 생명력이 중시된다. 예를 들면 '질료'를 형용하는 '부정형한(informe)'이란 말은 "단지 단순하게 그와 같은 의미를 가진 형용사인 것만이 아니라 각 사물이 다양한 형상을 가질 것을 요구하는 언어인 것이다."(『부정형의』) 『르 도큐망』에서 바타유는 아름다운 형상에 담겨지지 않은 살아 있는 '질료'를 기원전 켈트 동전의 도상에서부터 동시대 피카소 회화를 통해서, 또 인간의 엄지발가락, 얼굴, 낙타의 형상 같은 자연물을 통해서 소개하고 있다.

톰블리가 가르쳐준 것들

미국의 미술사가 로젤린 클라우스(1940~)는 하버드대 대학원에서 그린버그의 가르침을 받은 제자이지만, 스승의 협소한 모더니즘 이해에 대해 폐쇄적이라는 느낌을 받고, 프랑스 현대 사상에서 모더니즘의 활로를 찾으려 했던 인물이다. 그녀는 1999년에 동료 이브 알랭 부아와 함께 파리의 퐁피두 센터에서 '부정형한 것'이란 타이틀로 현대 예술 전시회를 기획했다. '부정형한 것'은 물론 바타유의 개념이지만, 그와 같이 치켜세워지면서 그 개념이 '죽은 질료'로 변용된 것처럼 보인다. 1950년에서 1960년대에 걸쳐 그린버그가 실행한 비평이 선도하는 전시회는 '부정형한 것'을 근거로 재현되었다. 클라우스는 톰블리의 〈올랭피아〉(1957)를 전시하면서 카탈로그에 마네의 〈올랭피아〉와 함께 에로티시즘의 내실로 부상하기보다는, 데리다의 지적인 흔적론에 의거해서 캔버스에 기록된 문자 'Morte(죽은 여자)', 'Fuck Olympia(올림피아와 성교하라)'의 모순—의미의 모순, 그리고 문자로서의 자신을 부정하는 난잡한 낙서풍 서체의 자기 모순—을 설명한다. 부아도 카탈로그의 서문 '부정형한 것의 사용가치'에서 "모더니즘의 예술 생산을 체로 쳐서 동요시킨다"고 매듭짓고 있다. 확실히 이 전시회에서는 1920년대부터 1970년대에 이르는 전위작품을 새로운 분류— '낮은 유물론' '수평성' '맥동' '엔트로피' —속으로 이동시키고 있다. 그렇지만 바타유가 쉬르리얼리즘의 주류에 대해서 '사드의 사용가치'를 거론했던 것은 사드의 해체의 정념을 생성시키려는 것, 즉 '작품의 길'이 아니라 '존재의 길'에 들어가 사드를 체험하는 것을 말하려 했던 것이다.

잊어서는 안 될 것은 가벼움의 드러냄은 어느 정도로 지적인 틀을 해체하는 것이 가능한가에 달려 있다는 것이다. 후기 니체가 가벼움을 말한 것은 질라플라나 호반의 체험 이후, 디오니소스적인 생명력에 근접해 있었기 때문이다. 사상은 가벼움으로 회화와 만나는 것이 가능하다. 미술관의 종언·미학의 종언이 울려 퍼지는 오늘날, 종국을 맞은 것은 계몽적이고 체제 옹호적인 지적 선도형 예술로의 접근이라고 나는 생각한다. 정형화되지 않은 '질료'로, 한없는 부정형의 생명력으로 회화와 만난다면, 사상은 말하는 것을 멈추지 않을 것이다. 탁월한 회화는 제작자의 우의적인 의도와 비평가의 개념을 초월해서 생명의 가벼움으로 열릴 것이며, 깊은 사상 또한 이런 생명의 가벼움과 풍요로 열릴 것이기 때문이다. 톰블리의 《레판토》는 나를 매혹하면서, 회화와 사상의 끝없는 대화의 가능성을 보여주고 있다.

맺음말

이 책은 이탈리아 르네상스부터 현대 회화까지 서양 미술의 흐름에 따라 여섯 명의 화가를 선별해놓았다. 이런 선택은 미술사에서의 양식의 변천을 엄밀하게 따르고 있는 것은 아니다.

빼어난 예술가들은 자연의 체험과 사회의 재난, 곤란한 개인사를 통해서 자아의 한계에 눈을 뜨고, 불안과 공포에도 불구하고 자아 저편으로부터 육박해오는 것들과 실체를 알 수 없는 압도적인 힘들과의 신들린 듯한 긴장관계를 통해 생명의 유희를 생성시켰다. 이와 같은 인간의 한계선상에서의 절박했던 유랑을 회화적 표현의 근저에 두었던 화가들에게 나는 주목했다.

물론 그런 화가는 이 책에서 다룬 여섯 명 외에도 많을 것이며, 또한 현대 사상가이면서도 이 책에서 언급되지 않은 인물도 많다. 그들에 대한 고찰은 이후의 과제로 스스로에게 남겨놓았다.

나는 조르주 바타유의 사상을 중심으로 연구를 진척시켜왔다. 나는 바타유에게서 많은 것을 배웠으며, 이 책에서도 바타유의 말과 사고방식을 드러내 보였다. 그렇지만 나는 내 전공으로서의 바타유나 현대 사상의 추진자로서의 바타유의 회화론을 고찰하려고 하지는 않았다. 예를 들어 바타유의 「마네론」에서 한 단락을 가져와서 어떤 화가를 소재로 바타유의 미학 사상을 밝히는 방식을 취하지 않았다는 것이다. 또한 한 화가에 관한 독자 연구에서 한 단락을 취해 짜맞추려 하지도 않았다. 회화와 현대 사상을 개별 장르로 독립시키지 않고 화가와 현대 사상의 추진자들을 한계에 대한 욕구라는 모티프 속에서 만나게 하고 대화시키려 했다. 이것이 내가 목표로 했던 것이다.

나는 2000년 1월에 『고딕이란 무엇인가: 대성당의 정신사』를 출간했는데, 그때 주위 사람들에게 바타유 연구를 그만두었는가 혹은 바타유에게 흥미를 잃었는가 하는 말을 많이 들었다. 그 중에는 무신론자 바타유는 고딕 대성당을 버리고 사상을 형성하지 않았느냐고 말한 사람도 있었다.

나는 지금도 바타유를 읽을 때마다 타자에 대한 그의 욕구에 마음이 두근거린다. 이 경우, 타자(l' aurte)는 다르게 되는 것이라고 말을 바꾸는 편이 좋을 것 같다. 그것은 타인이나 다른 나라 사람 같은 자신과는 다른 개인을 말하는 것이 아니다. 자신에게 육박해오는 미지의 힘을 조정하는 것도 아니다. 그것은 개체가 개체가 아닌 방향으로 해체되는 과정에서 드러나는 무엇, 무리해서 다시 말하면 죽음과 함께 있는 어떤 생명의 모습인 것이다. 생명체의 극한적인 자기 모순이라고 해도 상관없다. 생명체가 자신의 생과 발전을 위해 중요한 틀을 파괴하면서 그 풍요로운 내실을 용출시키는 상황. 앞서의 표현을 쓴다면 인간의 한계선상에서 절박하게 헤맨 것이다. 백이라고도 흑이라고도 말할 수 없는 이런 회색의 격한 생명의 상황이, 두려움과 동시에 매력을 풍부하게 머금고 있다.

　고백하자면, 내가 욕망했던 것은 내 자신의 감성이 가는 그대로 동서고금의 다양한 문화적 해역에서 헤매면서 그 심층에 잠재된 열기 있는 것들에 깊이 의지해 그 존재를 나의 반응과 함께 독자에게 전달하는 것이었다. 나에게 고딕 대성당은 그와 같은 뜨거운 타자였다. 이 책에서는 화가들의 생의 태도가 여기에 해당한다. 그리고 그들이 남긴 도상도 여기에 해당된다. 어둠 속에서 무서운 미소와 더불어 떠오르는 세례자 요한의 상(다 빈치), 론 강의 밤하늘에서 불꽃처럼 빛나는 별들(고흐), 급박함 속에서 부유하는 기하학적 도상(칸딘스키) 등 나는 여기에서 다르게 되는 것을 감지했으며 그것에 강하게 이끌렸다. 실제로 그것들은 기존의 자신으로는 충족되지 않는다. 죄를 씻고 깨끗해야 할 성인은 왠지 괴이하며 끝없는 죄로 인간을 유인하고 있으며, 별들은 태양보다 격하게 빛을 발하며, 도형들은 그 견고한 치장에도 불구하고 목숨을 걸고 유희하고 있다.

　문장의 형식에 대한 집착은 나에게 없다. 나와 다르게 되는 것의 열기가 독자에게 전해져 무엇인가 공감을 얻어낼 수 있다면, 어떤 형식이라도 좋다. 나를 유인하는 것을 멈추지 않는 타자가 다른 것으로부터 또 다른 것이 되고, 한순간에 형태도 없이 공동성을 실현하는 것이야말로 무엇보다도 원하는 것이기 때문이다.

찾아보기